原来，班是要这样上的

Effective working

速溶综合研究所／著

SPM 南方传媒
广东经济出版社
·广州·

图书在版编目（CIP）数据

原来，班是要这样上的 / 速溶综合研究所著 . -- 广州：广东经济出版社，2023. 9

ISBN 978-7-5454-8915-6

Ⅰ . ①原… Ⅱ . ①速… Ⅲ . ①职业选择—通俗读物 Ⅳ . ① C913.2-49

中国国家版本图书馆 CIP 数据核字（2023）第 130917 号

责任编辑：周伊凌　刘雨曦
责任技编：陆俊帆
责任校对：陈运苗

原来，班是要这样上的
YUANLAI，BAN SHI YAO ZHEYANG SHANG DE

出版发行：广东经济出版社（广州市水荫路 11 号 11 ～ 12 楼）
印　　刷：珠海市国彩印刷有限公司
（珠海市金湾区红旗镇永安一路国彩工业园）

开　　本：880 毫米 ×1230 毫米　1/32
印　　张：9.5
版　　次：2023 年 9 月第 1 版
印　　次：2023 年 9 月第 1 次
书　　号：ISBN 978-7-5454-8915-6
字　　数：240 千字
定　　价：68.00 元

发行电话：（020）87393830
广东经济出版社常年法律顾问：胡志海律师
如发现印装质量问题，请与本社联系，本社负责调换

目录

实操贴士

附录

职场误区别踩

扫码领取
教你精准表达
助你高效工作
带你步步提升
陪你调节情绪

第一章 人际沟通

第一节 好机会往往源于好印象

作为职场新人，怎样才能给领导和同事留下好印象？努力工作有用吗？

不努力工作肯定是没有好印象的。除了努力工作之外，人际交往方面也要多多注意啊。

看来我还有许多需要提升的地方。

要想搞好职场人际关系，好印象是基础

要想给大家留下好印象，成为领导眼里的好员工、同事眼里的好同事，对职场新人来说，颇有挑战性。

你是不是很羡慕那些在办公室如鱼得水，不仅和同事相处融洽，也颇受领导重用的同事？

反观自己，一见到领导就瞬间矮了三分，浑身不自在，摆脱不了战战兢兢，更别谈和领导搞好关系了；与同事之间也只有工作往来，彼此见面打个招呼已是社交上限。

同样在职场混，怎么人与人之间的差距这么大？其实，职场的好印象是长年累月形成的。

有的同事天生擅长人际沟通，在职场上自然就混得开，但他的方法可能只适用于他自己，我们很难学会并应用到自己身上。本节主要是为大家提供一些通用方法，以帮助大家在职场拥有好印象。

打破刻板的第一印象，用时间积累好印象

所谓印象，就是别人对你的看法，在他眼中，你是个什么样的人，性格如何，等等。

而第一印象，是指你和对方初次见面时给对方留下的印象。第一印象往往是瞬间形成的，以至于你自己都没意识到，第一印象就已经形成了。一般来说，第一次与陌生人见面，我们只能根据陌生人的外貌、衣着打扮、接触时的行为举止和谈吐等显性表达，并结合自己以往的经验，建立起对这个人的第一印象。

比如入职当天，邻桌的同事很热情地和你打招呼，用笑脸欢迎你，你自然会对他产生很好的印象；而当你看到一位同事面无表情、一副拒人于千里之外的模样时，就会下意识地觉得他可能不太好相处。

一般来说，职场新人只要做到穿着得体、言谈举止礼貌，别人对你的第一印象就不会太差。作为初进职场的新人，别过于看重对他人的第一印象，因为第一印象往往是片面的，由于

接触时间太短，很容易产生刻板印象。

如果说第一印象是进入职场的“敲门砖”，那么接下来你就要靠自己的努力，在“敲门砖”上添砖加瓦，为自己挣得更多印象分。

大家应该都有过这种经历：第一次见面时对一个人没什么好印象，但后来却与这个人成了非常好的朋友。这说明我们对一个人的印象会改变。随着相处时间的增加，随着彼此之间的了解更加深入，你对他的印象也许会发生翻天覆地的改变。

而你与办公室里的同事，每天至少 8 小时朝夕相处，你有足够的时间和机会展现自己的工作能力和个人魅力，慢慢扭转他人对你的第一印象，提升好感度，塑造自己给人的好印象。

如果管理好了他人对自己的印象，就可以在同事和领导心中建立积极形象，让职场生活与工作更加得心应手，收获更多的信任与支持。

要想留下好印象，职场上别做这些事

被动等待

职场和校园不一样，在校园里你必须学，老师会督促你的学习进度。但在职场，没有人有义务必须教会你。

如果你依然被动地等待领导布置任务，等待接受别人的指导和指点才愿意成长，领导推一下你才动一下，就会给领导留下工作缺乏主动性的坏印象。

公司期待的是一个能够主动学习、主动提升自己、遇到困难主动寻找解决办法的员工。所以在自己空闲的时候，多看一看公司的相关业务资料，遇到不懂的问题也要主动寻求帮助，这样你才会给领导留下好印象。

有求必应

新人初入职场，很多老同事都会给新人分配一些简单的工作，以帮自己减轻工作压力。这无可厚非，也很常见。但注意，千万别有求必应，对什么工作都大包大揽。

包揽同事的工作，分担他们的工作压力，会给他们留下好印象吗？那可不一定。

若是遇到懂得分寸、懂得感恩的同事，你帮他解了燃眉之急，他会感激你。但有的同事，如果每一次你都积极表示愿意帮忙，他会觉得你好欺负，觉得你帮他是理所当然，久而久之，这个工作就会完全落在你头上了。之后若是你表示出一丝拒绝，他甚至会反过来指责你。明明是好心帮忙却没落个好回报，多让人憋屈。

最重要的是，工作量增加之后，由于疲于应对多项工作，人更容易犯错，很可能导致你连本职工作也做不好。所以，这吃力不讨好的事情，还是别做了。有时候，拒绝也是一种职场技能。

过度小心翼翼

身边都是工作经验十足的老员工，职场新人难免有自卑心理，也很在意别人对自己的评价。这会导致我们每做一件事、每说一句话都小心翼翼，生怕犯错，放不开，也生怕给别人留下坏印象。即使是提一些工作上的正常需求，也一脸惶恐，生怕麻烦了别人。

这种小心翼翼的状态，不仅自己不舒服，也让身边的人不舒服。不妨大方一点，不仅行为上大方，心态上也要大方，在职场上展示出真实的自我，充分发挥个人能力并展现个人魅力。

其实，每个人最真实的样子就很可爱。只要你本性不坏，大家自然而然就会接受你。

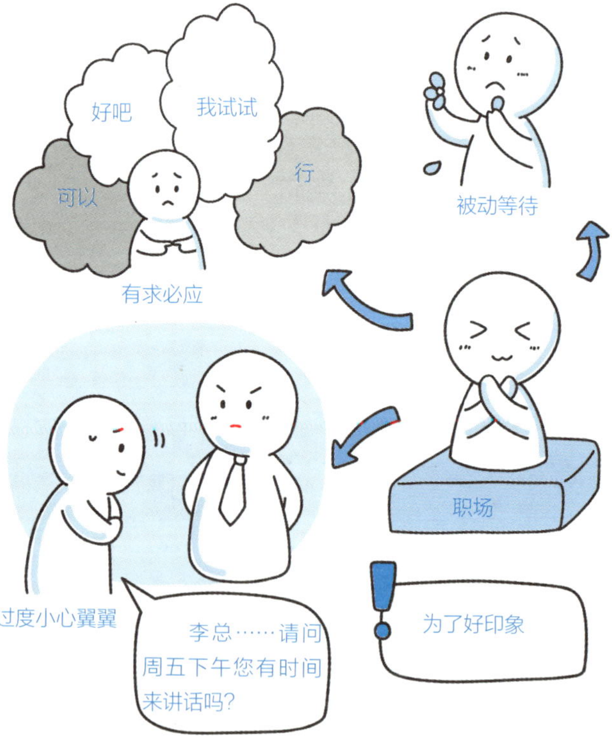

好印象，是职场中重要的隐形资产

凡是在职场待过的人，都明白好印象究竟有多重要。当你拿捏住了好印象，你距离升职加薪还会远吗？

给领导留有好印象，意味着获得潜在的工作或升职机会

如果领导对你的印象是工作能力强且做事靠谱，那么下次有重要项目，或有紧急情况需要人手时，他可能会首先想到你。

小胡在公司就属于工作能力和人际沟通能力很强的员工。无论在哪一家公司，她都是领导的得力帮手，领导们对她的印象都很好，十分信任她，什么事情都放手让她去处理。所以，小胡的上级领导离职去了一家新公司后，便邀请小胡一起去新公司，而新公司不仅薪资待遇好，工作平台也更好，这着实是一个不错的工作机会。

这便是好印象所带来的好处：更多更好的工作邀约。试想，如果你在公司是“透明人”般的存在，领导根本不认识你，或压根就想不起来你这个人，那么好的工作机会会轮到你吗？

给同事留有好印象，意味着拥有和谐愉快的工作环境

如果同事对你的印象不好，那么就很难保证同事不会给你使绊子，不配合你工作。即使一个很简单的工作需求，他也会拖延，让你三催四请。这不仅会影响正常工作，拖慢工作进度，而且会影响工作情绪。

而如果同事对你的印象很好，彼此关系十分友好，当工作上有需要他们配合的地方时，他们肯定乐意配合你，如果你遇到了困难，他们甚至会帮你出谋划策，克服困难。这不仅能使你的工作顺利开展，大家工作起来也更有干劲，心情也很愉悦，真是一箭双雕的美事！

如何给别人留下好印象？

少点套路，多点真诚。职场新人需在细节上多多注意，让他人对你产生好感，进而获得他人的赏识。

有良好的时间观念

没有时间观念，在职场是大忌。有多少职场新人因为没有时间观念，丢失了工作机会。

拿面试迟到这件事情举例。HR（人力资源）已经和面试者约定了面试时间，面试者第一次要求延后一天，第二次又要求延后两天，好不容易确认了哪一天面试，结果到了约定时间还没看到人，HR一问，面试者还在路上，一点都不着急，反而劝HR别着急。这样不守时且态度有问题的面试者，换作你是企业HR，你愿意录用吗？

连守时都很难做到的员工，在工作中能按时完成任务吗？所以，职场新人必须要有良好的时间观念，不迟到是最基本的要求。除此之外，更要按照要求准时完成工作任务，不拖延。当你无法按时完成工作，导致拖慢整个项目进度时，绝对会给人留下做事效率低、办事不靠谱的坏印象。

如果你实在应接不暇，手头上的工作太多难以把控时间，那么教给你一个很实用的方法：把现有的工作任务排个优先级——最紧急、次紧急、紧急程度一般、不紧急，先做最紧急的工作，然后再按紧急程度依次完成工作。做到虽然忙碌，但忙中有序、忙而不慌，这样你便会给人留下靠谱、工作有条理的好印象。

有良好的时间观念

正确面对自己的错误

在职场中，难免会犯错，尤其是经验不足的新人。犯错了，你以怎样的态度去面对，很重要。

首先，你要承认错误，担起责任。千万不能因为害怕领导生气而试图隐瞒错误，甚至甩锅给别人，这绝对不是正确的做法，甚至有可能让领导更生气。

其次，面对自己犯下的错误，要准备好补救措施，向领导展示你解决问题的能力。既然错已经犯了，那么如何将损失降到最小，才是领导想要知道的。职场从来不缺犯错的员工，缺的是犯错之后能承担责任且改正错误的员工。即使刚开始领导因为你犯错而对你印象不好，若你能力挽狂澜，领导对你的印象也会有所改变。

最后，不要过分自责。一次犯错不代表你的能力不行，职场新人都需要时间，没有人可以一次就做对或一次就能做到完美。把自责的力气都放到下一次如何做得更好上面吧。

正确面对自己的错误

学会主动沟通

很多职场新人有时候宁可自己闷头瞎琢磨，也不敢主动提出疑问与需求，这样的工作效果往往不好，很可能出现自己晕头转向地做完，却发现方向完全错误，做了无用功的情况。

所以，学会主动沟通很重要。对工作需求有疑问时，宁可多问领导几句，明确需求，也不要糊里糊涂地直接行动。

另外，工作中有问题，不要总是被动地等别人找你，这会降低工作效率。我们要主动出击，主动寻求帮助。现在的职场讲究团队合作，很多时候一个项目需要多个部门合作完成，一个人的力量是不够的，必须依靠团队的力量。

第一次开口请求帮忙，可能会紧张、不好意思，害怕别人不配合，但开口之后你会发现，事情没你想的那么困难，很多同事其实非常友好，愿意伸出援助之手。

在整个主动沟通的过程中，你会体会到积极解决问题、团结协作的好处，团队的力量能让很多难题迎刃而解。

学会主动沟通

千万管好自己的嘴

在职场，不只是新人，每一个职场人都必须管好自己的嘴，背后议论别人是大忌。因为你不知道哪一天这些话会传到当事人的耳朵里。即使没被外传，同事们可能也会疏远你，因为他们不想成为你下一个议论的对象。

常言道，祸从口出。即便你说的是无心话，若被传到有心人的耳朵里，你也百口莫辩。

永远别在背后说人坏话，宁可少说话，也不多说别人闲话，做好自己的事即可。这样才能远离是非，在职场上才更能游刃有余。

千万管好自己的嘴

第二节 “眼观六路，耳听八方”很重要

刚入职场，我什么也不知道，好怕自己踩雷啊。

你得学会观察，用自己的眼睛去观察整个公司的情况。

我不会观察，会影响我和大家相处吗？

观察是处理职场人际关系的必备技能

新人刚入公司，对这个陌生的职场世界，无论是人还是事都一无所知。若是贸然行动，很可能踩雷，得罪同事得罪领导，事后自己还一脸蒙，完全不知道哪里做错了。

如何尽快适应并融入这个陌生的职场环境？按兵不动，先观察。

你需要先对你所在的环境以及环境中的人有充分了解，观察企业文化、领导和同事的行为和表现、领导和同事之间的关系等。等你对整个公司的情况有大概的了解后，心里有底，便不会那么慌了。

为什么职场新人需要观察能力?

身为公司职员，无论是日常工作还是处理人际关系，我们都离不开观察。

观察是一种重要的能力。观，指看、听等感知行为；察，是分析思考的意思。所以观察不只是一个用眼睛看的过程，还是以视觉为主、融合其他感觉的感知过程。

当观察的对象是人时，除了语言之外，你还要通过他们的面部表情、肢体语言等来综合判断，得到你所需要的信息。

为什么职场新人需要观察能力？因为语言传递的信息不一定靠谱。

心理学家的研究结果表明，从人们获取信息的渠道来看，11% 的信息是通过听觉获得的，6% 的信息通过嗅觉获得，83% 的信息通过视觉获得。而比较完整地表达一个信息，7% 是通过语言，38% 是通过声音，55% 是通过表情和动作。

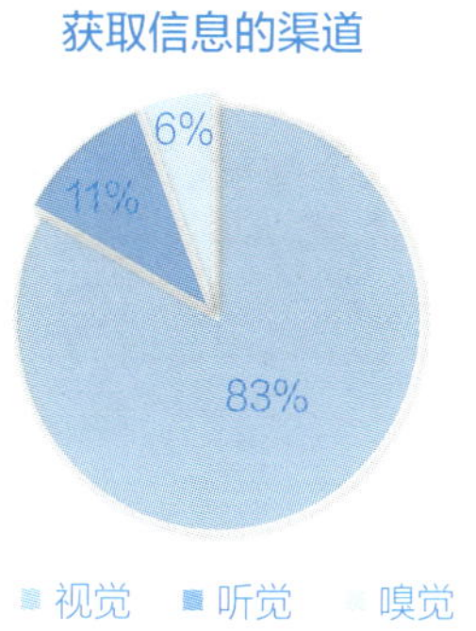

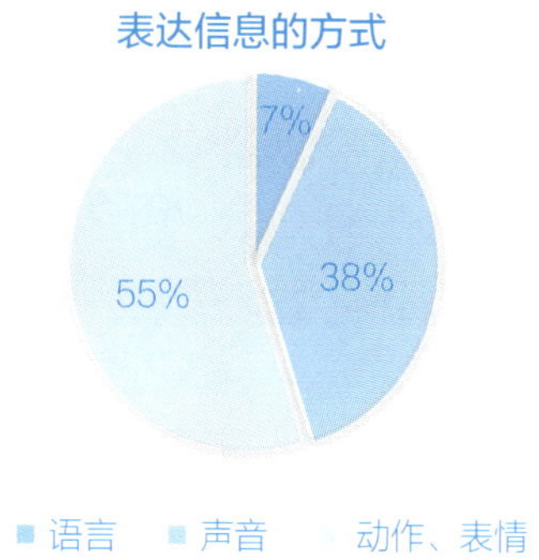

我们无从得知领导、同事所说的话是否真实、可信。现代社会，很多人都戴着面具，嘴上说的也许只是场面话，不是他们的真实想法。这种情况下，你便可以通过表情、神态、微动作等非语言的身体符号，来解读他们背后有着怎样的欲望和渴求，隐藏着怎样的目的和心理，这样也许你便能窥探到对方的一些真实想法。而这些真实想法有助于我们进行工作判断，做一些重要决策。

以观察能力为基础，管理职场人际关系

在职场，因为种种利益的纠缠，人际关系往往更加复杂。作为初入职场的新人，为了避免踩坑、陷入不必要的职场争斗中，多学习、多观察才是最重要的。

运用观察能力，可以帮助管理职场人际关系。我们可以通过观察，反思自己的哪些行为、习惯影响了人际关系，从而可以取长补短。

通过观察，我们会发现那些锋芒毕露的职场新人在公司往

往不受欢迎。

他们急于在公司站稳脚跟，急于拥有更好的工作机会，便迫不及待展示自己的才能和实力，可是他们不知道，锋芒毕露是职场新人的大忌。或许你的工作能力强到能够被领导另眼相看，但这样也非常容易让自己失去良好的工作氛围，因为你的同事们会感受到威胁，担心自己的地位不保，因此会对你敬而远之。

因此，刚进公司低调第一，你需要先观察身边的领导和同事的工作能力如何，然后摸清自己的能力在公司处于什么水平。若观察之后发现自己的能力确实高于同事，那便可以选择在适当的时候，以循序渐进的方式适度表现自己。这才有利于维持同事们的心理平衡。

另外，通过观察，我们也能判断在职场自己要结交谁。众所周知，在职场上选择结交那些在职场发展方面对你有用的人，是有必要的，他们能在你遇到困难时帮你一把，也能与你信息共享，多教你一些职场技能。

明确目标，开启职场观察之路

要想得到需要的信息，就必须先明确观察的目标，避免浪费精力和时间。在明确了目标后，你的观察便有了具体方向。

对职场新人来说，最大的目标概括起来有两点：其一是工作快速上手，其二是拉近和同事、领导的关系。

工作上的观察

职场新人工作不久，还处于适应阶段，在这个过程中，难免会遇到很多工作难题。

偶尔一次两次你请教别人，别人会乐意解答，但如果每一次遇到困难你都去请教别人，不仅会打扰到同事们的正常工作，而且会显得你很笨，自主学习能力很差。

职场不是一个教学环境，而是一个发挥自己才能的实践环境，没有人有义务必须把你教会。更多时候领导、同事都很忙，根本没时间教你，你必须学会自主学习。

观察，就是一个在职场中学习的好方法，身边的领导和同事都是你学习的对象。你可以一边观察一边模仿学习，观察领导如何安排工作，观察同事的工作节奏，学习同事如何向领导汇报工作，学习同事与客户沟通时的话术。

不过，这个方法仅限于一些通过观察可自行领悟的简单技能，一些更复杂的工作还是建议直接请教同事和领导。

运用观察能力学习，可以让你不动声色地提高自己。当领导发现你工作上手快，做得又好时，自然会更加信任你，放手让你去挑战更多工作。

此外，对于一些需要和客户沟通、交流和反馈的工作岗位，敏锐的观察力也可以帮助你与初次见面的客户有效沟通，为日后的工作交流打下良好的基础。

人际关系上的观察

对职场新人来说，除了工作内容外，了解身边的同事和领导也同样重要。

你要留心观察每个人的性格和行事作风。领导是个好相处的人吗，脾气如何？身边的同事性格如何，好沟通吗？除此之外，还要了解在你来公司之前，办公室里已经稳定的人际关系，比如领导最喜欢哪个同事、谁和谁是固定饭搭子、哪些同事常会下班后小聚、哪个同事比较孤僻等。

了解这些基本信息的主要目的是不踩雷，防止什么都不知道的自己被误伤，另外，也是对同事们有一个基础的了解，帮助自己尽快地适应他们的工作节奏和社交氛围。

不过，观察可不是拍马屁。只要是有人出现的地方，就有人际关系。不管你是创业、交朋友、谈恋爱还是工作，观察都是人际交往的必备技能。在职场的人际交往中，我们尤其要学会观察，观察对方的态度、情绪，看对方的脸色。如果你不懂看脸色，就很容易成为一个不识趣的人。

你的领导刚发了一顿脾气，整个人正处在易燃易爆炸的状态，这个时候你非要没有眼力见地进办公室向领导汇报工作，这不是往枪口上撞吗？有时候，看脸色也是保护自己、减少伤害的一种方式。

正确的做法是，等领导平息怒火之后你再进去，这样不仅给足了领导调整情绪的时间，也避免自己被领导的情绪波及。

通过观察改善人际关系

职场上的人际关系也需要刻意经营。优秀的观察者能够从观察中提取有用信息，观察到对方的需求，也能发现彼此的共同点。一旦你获得了对方的好感和信任，便获得了打开职场人际关系之门的一把钥匙。

以他人为中心

“领导夹菜你转桌，领导敬酒你不喝，领导打牌你自摸，领导隐私你乱说”，这个段子，着实是把不会观察、没有眼力见的下属调侃到位了。一个凡事总是以自我为中心的人，如何能够观察到领导的需求，拉近和领导的关系！

如果你发现自己不具备很好的观察力，猜不透对方在想什么、想要什么，原因可能是你根本不在乎对方的想法，所以选择性忽略了。

当你只顾着向别人输出、表达，却没有倾听别人说话时，那么你自然就注意不到别人的身体语言，也就无从得知别人的真实想法。你自认为是愉悦的交谈，也许对方并不享受，只想早早结束这次聊天。

如果你想拉近和领导、同事之间的关系，一定要时刻以他人为中心，关注他人的利益、需求和情绪的变化，让对方成为主角。

对方说话的时候你要用心倾听，对他说的话表现出兴趣，尽可能多地让他表达，并认真观察他的身体语言，这有助于我们捕捉到他真实的想法。

看到同事一直叹气，愁容满面，你主动表示关心：“我有什么可以帮到你吗？”就算同事嘴上回复“没什么”，其实他心里边已经被感动到了，因为他的情绪被人关注到且有了回应。通过这次小小的交流，他肯定会对你有很好的印象，之后自然愿意和你更亲近。

以他人为中心

但对于职场新人来说，拉近关系也要注意把握好分寸。在彼此都不太熟悉的情况下，别过度关心别人，过度的关心可能会越过同事的“安全距离”，反而让人不舒服。等彼此逐渐熟悉之后，再进一步拉近关系会比较稳妥。

寻找共同话题

其实，无论是领导还是同事，大家本质上就是陌生人。如何与一个陌生人变得更亲近？建立彼此之间的共同点是拉近关系的社交利器。人们很容易和与自己有共同爱好的人亲近，而对于那些与自己行为举止差别较大的人，则会敬而远之。

同事聊天时透露的只言片语隐藏着共同点。如果你是个瑜伽爱好者，听到同事说“今天下班后去练瑜伽”，便可以借此机会发起聊天，交流练瑜伽的经验。

寻找共同话题

你与他人的共同点，不通过语言的交流也能发现。同事办公桌上的物品、领导的书架，都透露着他们的行为习惯和喜好。有的同事桌面上摆着很多动漫手办，说明他在生活中应该是个混“二次元”圈子的人；领导的书架上摆了很多心理学书籍，说明领导对心理学很有兴趣；等等。

你观察到这些细节之后，便可以在闲聊时主动发起话题，把沟通的话题引向这些共同点。对方听到你谈及他感兴趣的领域时，自然会滔滔不绝。在倾听的同时，你也可以适时表达自己的一些见解，引发彼此的共鸣，达到沟通的目的。

注意，刚入职场的新人，不要急于谈论一些有深度的话题，如国际局势、人生感悟之类的。选择一些大家都会关注的热点、节日、放假等轻松的话题，会让话题更容易开展。

懂得看场合和形势

学会观察当下的场合和形势，对职场新人来说非常重要。无论你和谁沟通，无论是领导还是同事，什么时候应该正经谈工作，什么时候可以轻松一点开玩笑，都需要自己把握分寸。

工作上你犯了一个大错误，领导很生气地在教育你，本来等领导发泄完怒火，考虑到你是新人，犯错也很正常，这件事就算了，但是你认错态度不好，不仅不承认自己的错误，情绪一上头，你还直接和领导产生言语冲突，场面混乱起来，这件事肯定不能算了，本来的无惩罚很可能变成双倍惩罚。这就是不会看形势可能产生的后果。有些话在某些特定的形势下，就算自己再有理也不能说出口，更别说是一时间的情绪上头，口不择言了。

一个懂得看场合和形势的职员，在面对领导时，知道要谨言慎行，知道什么话该说什么话不该说；在面对下属时，也知道如何以身作则，将上下两方完美地承接好。

职场新人若想达到这种程度，必须不断锻炼自己的观察能力。等你拥有敏锐的观察力，对这一切都有比较深入的观察后，在处理复杂的人际关系时，就能做到游刃有余，减少和避免一些不必要的摩擦和冲突。

懂得看场合和形势

第三节 “言值”时代 别吝啬发声

我发现，办公室里最受欢迎的同事，都好会表达。

表达能力强，就会在办公室拥有好人缘吗？

表达能力强，不一定拥有好人缘。但表达能力不强，则很难拥有好人缘。

只会工作不会表达，很难拥有良好的人际关系

作为职场新人，工作时你碰到过下面类似的情况吗？

＊在跟同事交流的时候，你已经尽全力表达自己的想法，但对方听了之后却说：“我没听明白，你想表达什么呢？”

＊在向领导汇报工作时，你刚讲了一部分，领导就打断你："这一部分跳过，挑重点讲。"

如果以上情况在你工作的时候经常发生，你就要反思一下自己的表达能力是不是出了问题。

身在职场，我们经常要和同事、领导沟通工作事宜。无论是自己的表达对方听不懂，还是自己的表达没有重点，都很影响沟通效率，也会在领导和同事心中留下不好的印象，还很可能影响你的升职加薪之路。

除此之外，有一些表达能力差的人，甚至还会因为不会说话而得罪人，影响人际关系，结果事事不顺。

不会表达会掩盖你真实的工作能力

职场上有能力的人很多，但并不是所有有能力的人都能被看到，默默无闻的行事作风在职场是很吃亏的。如果你不说话，也不做汇报，领导和同事都不清楚你在做什么，又如何能信任你呢？如果别人不知道你的工作成果，也无从得知你付出的努力，就会认为你什么也没有做。

不会表达会掩盖你真实的工作能力，而影响之大，超乎你的想象。假如一个人真实的工作能力是 80 分，不会表达的话，也许只能让别人看到 40 分甚至更低。而那些会表达的人，他们善于展示自己的工作成果，会让别人觉得他们的工作能力是 100 分甚至更高。

这就是最明显的差距。原本很有能力的人，为公司做出许多贡献，在团队工作中功劳也最大，但就因为不会表达，付出没有被别人看到，甚至功劳被会表达的同事抢去，反而成了一个普通的存在，甚至是被忽略的存在，实在令人惋惜。

为了我们自身的权益，我们必须学会积极主动地表达，展示自己的工作成果。不要觉得主动表达就是在炫耀，这不是炫耀，这只是职场新人展示自己能力的一种方式。

每个员工都应该学会合理积极地展示自己的能力，让自己在职场中发光发亮。

表达能力突出的职员往往更受欢迎

古希腊哲学家苏格拉底曾说："世间有一种能力可以使人很快完成伟业，并获得世人的认可，那就是令人喜悦的讲话能力。"

工作能力强，表达能力又很强，在职场上就能达到一加一大于二的效果。

表达能力强的同事，可以清晰明了地向别人传递工作需求，也能迅速理解别人要表达的意思，高效快速地完成工作沟通。相比一个说了半天都表达不清楚，还要你去猜测他的意思的同事，我们肯定会更喜欢和表达能力强的同事沟通。

表达能力强的同事往往幽默、风趣，善于展现个人魅力，大家也非常愿意听他说话，和他聊天，他也很容易收获旁人满满的好感，人际关系十分融洽。

在良好的人际关系基础之上，领导会愿意听取他的想法，同事会愿意配合他的工作，客户也十分信任他，因此他会比别人更快脱颖而出，受到领导的关注，赢得更多的工作机会，收获更多的资源，得到更多人的帮助。

如果你也想成为在职场备受欢迎的人，想要在职业道路上走得更快，那么提高表达能力就是刻不容缓的事。

三大表达问题，阻碍职场人际关系发展

当你发现自己的表达能力有问题时，就需要找到问题症结，对症下药，提高自己的表达能力。职场新人不善于表达，大致可分为以下三种情况。

不敢表达

明明私底下聊天时侃侃而谈、谈笑风生，可一到会议上需要发表自己的看法，或当众给领导做工作汇报时，你整个人就会蔫掉，说话声音小且没有底气，整个人透着一股“弱”“不自信”的气息。

不敢表达

这种情况是因为什么？这就涉及表达的经验积累问题。

如果我们在学生时代几乎没有当众发言的经验，比如演讲、辩论、作业报告等，那么当你进入一家公司，碰到需要在众人面前发表观点的场合时，就会觉得自己做不好，生怕自己讲错话，所以说话就会紧张放不开。这源于对自己表达能力的不自信。

其实，表达能力是可以通过练习不断提高的。当我们察觉自己的表达能力差时，不要逃避说，也不要怕说，要勇敢地克服它。只有敢说，多说，你才能有效锻炼自己的表达能力。当发现自己表达得更好了，同事和领导都夸你说得不错时，你的自信心也会增强，你会更愿意去表达，这就建立起了一个提高表达能力的良性循环。

表达逻辑不清晰

职场新人很容易产生的一个误解就是以为能说就代表表达能力强，因此，他们会在工作汇报时把所有工作细节都说给领导听。然而，这种表达并不适合职场沟通。

能说和表达能力强是两回事。有的人很擅长说话，一聊天就能聊好久，能把事情的所有细节一个不落地讲给你听。但说的时间长，不代表他的逻辑清晰，他的表述可能是碎片化的，是缺乏关联性的，他的核心想法不一定能表达清楚。和这样的人说话很累，因为你不仅要听他的长篇大论，还要边听边梳理，试图从一大堆信息中帮他梳理他要表达的重点。

表达逻辑不清晰

职场中的每个人都很忙，尤其是领导，他可没时间听你的长篇大论，帮你梳理逻辑、提炼重点。

领导最喜欢逻辑清晰、有重点、有目的的表达。其实，只要能让对方迅速理解你要表达的重点，就是一次成功的表达。至于说的时间长短并不重要，有时候，简明扼要的发言反而能提高沟通效率。

表达方式有问题

举个例子，同事和你讲了很多工作安排，最后询问你有没有听明白，有两种表达方式：“你听明白了吗？”和“我说明白了吗？”。

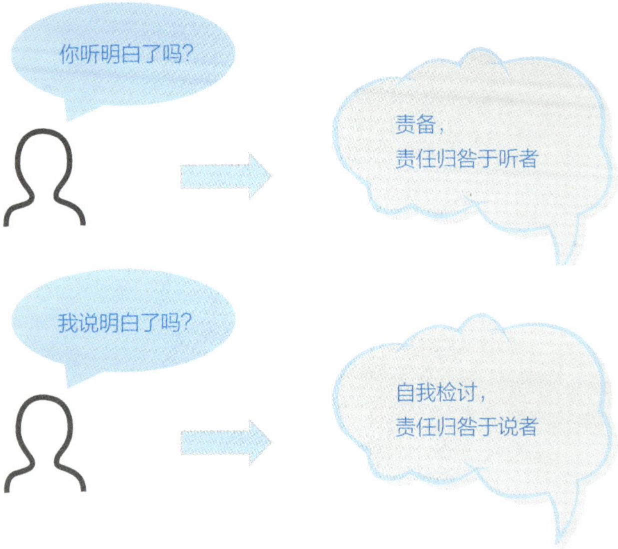

对这两种说法你有什么感受？

你是不是也倾向于第二种“我说明白了吗？”的表达方式。明明是同一个意思，当你的表达方式不同时，听起来的感受就千差万别。所以，表达也要注意方式方法。尤其在职场上，有些人说话太直接了，听起来很刺耳，同事或领导可能会被冒犯，如果你经常用这种方式与别人沟通，则很可能树敌不少，大家都不愿意和你沟通。

咱们完全可以换一种高情商的表达方法，在达到沟通目的的同时，也让听的人更舒服。

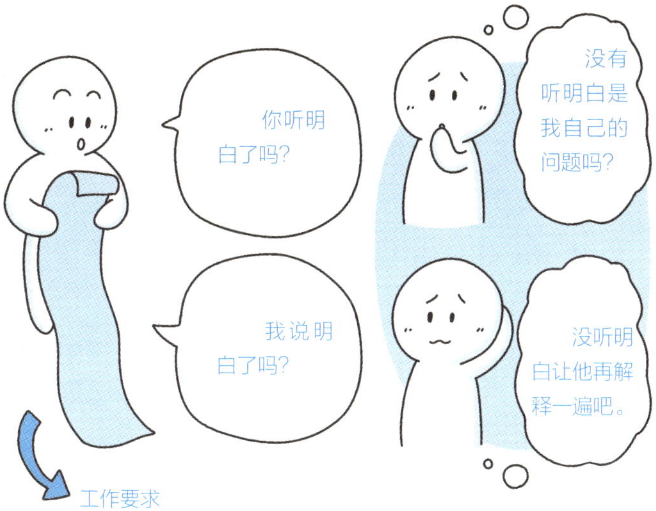

表达方式有问题

拉近人际关系，你只差这些表达技巧

下面给大家分享一些适用于职场的实用表达技巧，非常简单易学。期待你们将这些技巧应用到实际工作中，提高自己的表达能力，进一步拉近与领导和同事的人际关系。

两种实用的表达方式，让逻辑更清晰

结论先行法

这个方法很简单。即先说结论，后说论据，论据最好分三

点进行论述。

举个例子，在一次工作总结会议上，面对领导和同事，你可以这样说：

“（结论）今天会议的主要内容是对上个月的运营情况进行复盘。

“（论据，具体的方面）接下来我将从三个方面讲述一下。第一个方面是内容，第二个方面是数据，第三个方面是下一步可提升的地方。”

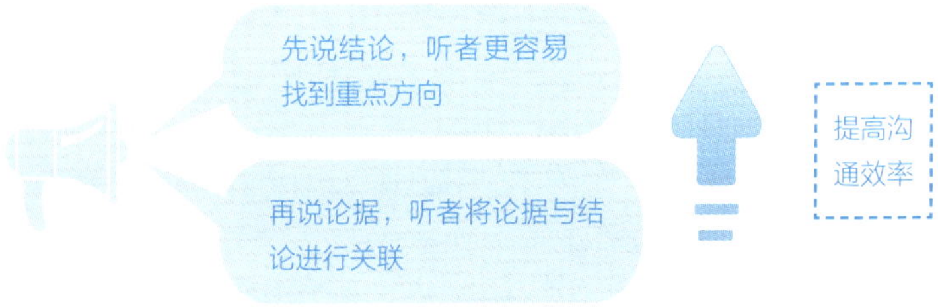

至于为什么论据分三点展开，是因为三点最利于人脑记忆，容易记住；一旦超过三点，信息量多了，不利于我们记忆。

三步解释法

三步解释法的三步分别是：先提出一个现象或问题，再说明产生这个现象或问题的原因，最后给出解决方法。

举个例子，你在工作中遇到困难，需要向领导汇报并寻求他的建议，你可以这样说：

“（提出问题）现在项目上有一个很紧急的问题需要处理，项目不能按照之前约定的时间上线了，极有可能要推迟一天。

“（说明原因）原因是现在项目有一个大 bug（故障），供应商那边已经找到原因并且正在紧急处理中，他们回复说需要两天时间解决。

“（给出解决方案）我觉得可以这样来解决这个问题：赶紧向客户说明一下情况，表示我们的歉意，并询问推迟一天上线是否接受。不知道您觉得这样处理妥当吗？想来咨询一下您的建议。”

这个方法在职场解决问题的时候特别常用，先提出一个问题，然后述说原因，听者会跟随我们的逻辑去思考，最后提出他的建议。

精准表达，让沟通更加高效

只有自己说明白了，对方才能听得明白。

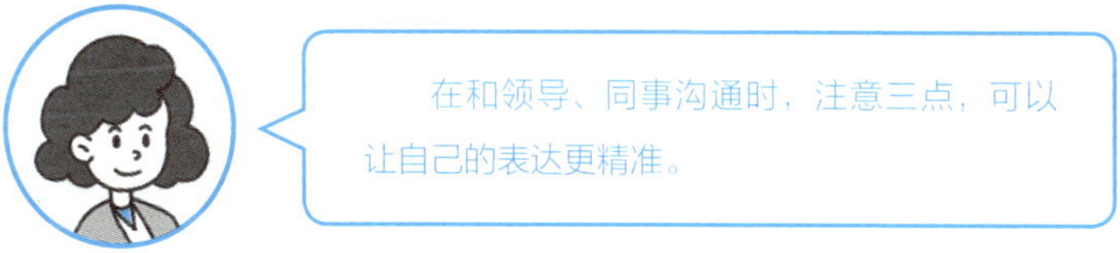

用对方听得懂的语言，根据不同的表达对象，调整表达方式

比如你是程序员，需要解释某一个需求实现的可能性，面对同是程序员的同事，你可以用专业术语讲述，但对于外行的领导来说，如此表述就不合适，你需要用对方能听懂的语言来表达。

高效沟通法

根据不同的表达对象，调整表达方式

不要只顾着自己说，要偶尔停下来，确认对方是否听得懂

“这一块我讲明白了吗？有什么疑问吗？如果不懂的话我可以再讲一遍。”避免信息不能传递到位的情况。

偶尔停下来，确认对方是否听得懂

讲述时，要善用案例、事实和数据辅助表达自己的观点

有的事情很抽象，仅仅陈述并不能让人很快理解，那么我们需要把它具象化。你可以运用比喻或参考案例，甚至是手绘的方法等等，只要能辅助你把想法表达清楚，让对方听明白，目的就达到了。

学会换位思考，让沟通更有温度

职场上与他人沟通时，要多注意一些言语上的细节，多多考虑对方的感受，换位思考，这样沟通起来会更舒服，赢得领导和同事对你的好感。

多说“谢谢”。

说“谢谢”代表着我们真诚的感谢，态度必须要通过语言表现出来。

多说“请”。

在麻烦别人的时候，千万不要用命令式的语气让别人帮忙，最好用“请”字。

多些耐心。

不要催促“你到底想说什么”，而是问“你想说的是这个意思，是不是”。如果同事在我们表达时表现出耐心倾听，那么我们也要用同样的方式去对待他。

第四节 善于倾听，快速提高你的职场人气

真正的职场社交高手，往往都善于倾听

在职场沟通中，我们总是过于关心我们该如何说、怎么说，却忽略了同样重要的倾听。

如果你细心一点，就会发现，那些拥有极高人气的职场社交高手，不仅是优秀的表达者，还非常善于倾听。

作为职场新人，如果你想让工作沟通更顺利，让自己变得更受欢迎，那么倾听是你必须掌握的职场技能。

懂得倾听，是职场高效沟通的第一步

在沟通的过程中，表达者和倾听者缺一不可。如果只有表达者一直在输出，却没有倾听者的信息接收和配合反馈，对话就难以延续下去。

对于表达者来说，只要你能让对方听懂你说的话，那么此次沟通就成功了大半。所以，沟通的基础是听，而不是说。只有在听懂的基础上，双方才能进一步沟通，获得相互理解和信任。因此，懂得倾听，是职场高效沟通的第一步。

客户的需求明明是 A，你却听成了 B。

会出现上述问题，很大程度是因为你根本没有好好倾听对方说话。当你没有全神贯注倾听时，就很可能忽略对方表达中的一些关键信息，这时候双方的信息已经不对等了。当关键信息缺失时，极大可能出现理解错误、信息遗漏的情况，进而导致严重的工作失误。

在职场上，善于倾听是顺利沟通的前提，也是顺利开展工作的前提。

懂得倾听，帮你在职场迅速获得好人缘

作为职场新人，如果拥有优秀的倾听能力，你会发现，倾听在职场中带来的好处远远超乎想象。

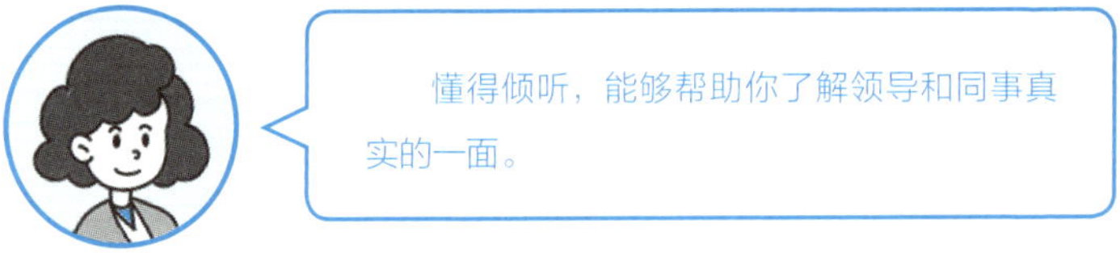

如果你和一个人没有进行过深入接触或交谈，怎么有机会拉近彼此之间的关系，走入他的内心？很多时候，我们对一个人的主观判断都来自第一印象，但第一印象不一定准确，你可能对这个人的性格等方面有错误的判断。通过倾听，你才能逐渐加深对这个人的了解，等彼此之间的关系拉近之后，你的人际沟通也会更有效率。

在工作中我们常常面临很多压力，这些压力要及时宣泄才有助于身心健康，而倾诉就是宣泄压力的一种有效途径。倾听同事吐槽工作压力，也是拉近彼此距离的好机会。

当同事之间发生矛盾时，你可以从中充当调节者的角色。先倾听同事讲出事情始末，然后再提出化解他们矛盾的方法。如果两个人顺利和好，双方都会感激你。

办公室的每个人，无论是同事还是领导，身上都有值得我们学习的优点。在倾听中，你可以学习他人的长处、有用的工作经验，此外，还可以避一些坑。

你成为一名优秀的倾听者后，会获得与你共事的人的认可和理解，会在职场迅速获得好人缘，会拥有融洽和谐的人际关系。

倾听者的三个层次，你属于哪一个层次？

美国著名心理学家托马斯·戈登，按照影响倾听效率的行为特征，将倾听者分为三个层次。一个人从层次一的倾听者成为层次三的倾听者的过程，就是其沟通能力、交流效率不断提高的过程。

据统计，约有 80% 的人只能做到层次一和层次二，而层次三只有 20% 的人能做到。你属于哪一个层次呢？

层次一：

倾听者更感兴趣的是“说”话，而不是“听”话

绝大多数人的倾听能力都处于这一层级。他们倾听的目的是让自己在交流中做出回应，而不是理解对方。

倾听，主要听的是对方的表达，并且要尝试理解对方。但是这一层级的人在倾听中，并不是以他人为中心，而是以自我为中心。他们在倾听的过程中，注意力不是放在“别人在说什么”上面，而是时刻准备着“自己要说什么”，还会试图把话题引到自己身上。

一名同事正在和大家分享他通过运动成功减重 30 斤的经验，本来大家都在听他说话，这是他的主场，但你的脑子里却在想“接下来我要说什么”。等对方说完了，你便开始输出：“我也有过类似的经历……”，将话题从别人身上转移到了自己身上。

同事在头脑风暴中提出的想法，你觉得可执行性并不高，于是，同事的话音刚落，你就迫不及待地发表自己的观点“我觉得不行，我的想法是……”，试图证明你说的比他更好。在沟通的过程中，你始终认为自己的观点比他人更加重要或更有价值，你始终在关注你自己。

每个人都有说话的欲望，不管说什么，总希望有人倾听。我们不会希望每一次自己在倾诉时被抢话题、不被重视。如果你是层次一的倾听者，也许你需要改变自己，提高自己的倾听能力，否则职场同事很可能远离你。

层次二：
倾听者只关注语言，而忽略了其他非语言信息

这一层次的人倾听的目的是听对方的语言表达，从语言表达中获取信息。他们缺失的倾听能力是：关注同样重要的非语言信息。

可能很多人都觉得听到的话就是得到的信息。其实并不是。除了语言，倾听者更要通过语调、肢体动作、脸部表情和眼神等获取信息。

在倾听中，我们尤其要关注肢体语言，因为肢体语言是下意识的，也是最真实的，反映了人当下最真实的情绪状态。除非经过刻意训练，否则任何人都无法控制和修改自己的肢体语言。

你和同事正在面对面地聊天，同事的身体如果忽然向后仰，很可能代表他不同意你的观点，你会发现他的回答也变得比较敷衍。身体的距离其实代表着心理的距离，身体离得越远，两个人的心理距离也就越远。

如果你在倾听中错过了这些非语言信息，你错过的可能就不只是真实情感的表达，也可能会产生误解。

层次三：

倾听者会抓重点，并与对方建立情感联系

这一层次的人属于“高段位”的倾听者。他们倾听的目的，不只是从中获取自己想要的信息，理解背后的深层含义，还会抓住机会与对方建立情感联系。

他们拥有高效的沟通技巧，在倾听中，他们不急于做出判断，而是对对方的情感感同身受。

除此之外，他们在倾听中还能够设身处地为人着想，更多的是询问而非辩解；他们也总能“因人制宜”，结合对方的具体情况给出不同的倾听反应，让对话有效地进行下去。

你会发现公司里那些优秀的管理者，他们和每个人的关系都很不错，一方面可以游刃有余地和自己的上级领导聊天，另一方面也能和自己的下属打成一片。优秀的倾听者往往都能成为优秀的管理者。

成为高层次倾听者，提高职场人气

倾听是一种可以后天习得的能力，掌握一些倾听技巧并不断练习，你的倾听能力必然呈现质的飞跃。当你真正懂得倾听时，就会发现共事的人会自然而然向你靠近。下一个办公室的“人气王”，也许就是你。

避免先入为主

我们的大脑在处理问题的时候，往往会根据以前的经验进行预判，并给出习惯性的解决方法。

我们常常会凭着第一印象就对一个人下判断，仅仅依靠对一件事的初步了解就下结论。

同样的情况也会发生在沟通中。大多数时候，我们并没有刻意带着倾听的心态展开对话，而是带着自己的假设、观点和期望展开对话，这些都有可能让你忽视他人的表达内容，从而在理解信息上出现偏差。

突然被领导喊进办公室谈话，内心十分忐忑，虽然最近自己好像也没犯什么大的错误，但小错误不少，于是你便怀着“领导要骂我了”的心态听领导讲话，紧张了半天，结果才发现领导在夸自己上周那篇文章写得很不错。

避免先入为主

为了避免上述这种事情发生，最好的方式就是先倾听，掌握足够的信息之后再做定论。

在倾听中给予实时反馈

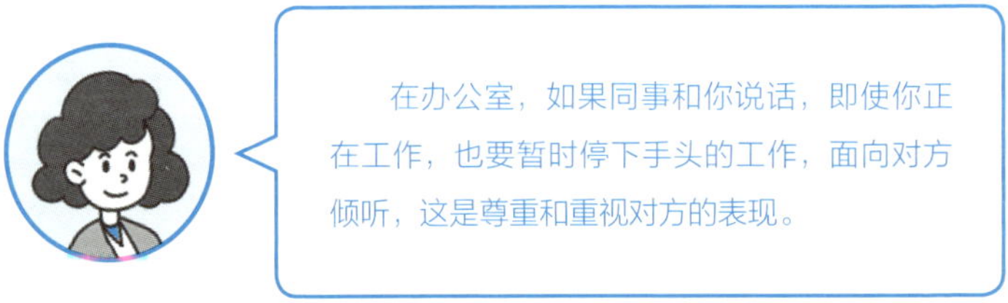

作为倾听者，适当的沉默是必要的。倾听中的沉默，给了对方充分表达自己的机会，同时也让自己有机会深入了解对方更多更全面的想法和感受，为后续沟通打下基础。

但交流中我们也不要一直默不作声，让对方一个人讲。如果对方感受不到回应，会觉得自己在唱独角戏，不被人尊重。好的倾听者一定会在听的过程中给出实时反馈。

在倾听中给予实时反馈

反馈tips：

倾听时要放下自己

放下自己的意思是，要放下自己的态度和偏见，完完全全站在对方的视角，了解他的世界、他的想法和感受。只有放下自己，你才能真正理解对方的感受，否则就可能陷入与对方争辩和对立的状态。

同事在和你抱怨：“昨天我又加班到晚上 10 点才回去，我真的不想加班了。”这时候你该如何回复？

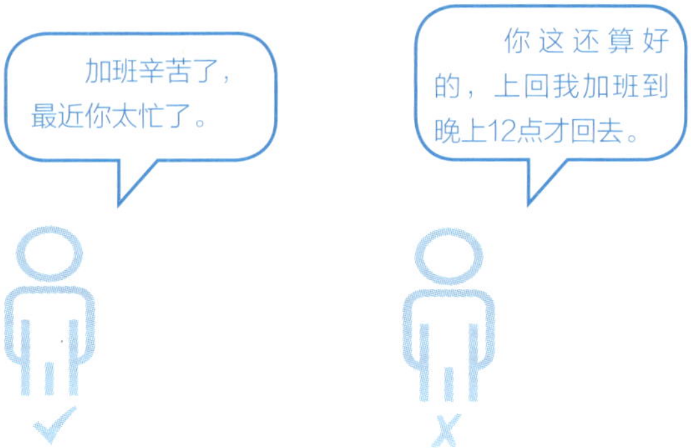

每个人都希望自己的情绪被看到、被关注到，当你能为他人提供情绪价值时，彼此之间的距离自然就会拉近。

如果你的关注点在自己身上，而不是在同事身上，同事就不会被安慰到，也许他就再也不和你倾诉情绪了。

倾听时要放下自己

通过复述，确认倾听

“沟通漏斗”的问题我们经常会遇到，随着沟通时间增加、信息传递的人增多，信息会呈现越来越少的情况。假如你心里想的是 100%，通过语言表达之后，再由于文化水平、知识背景等因素，倾听者消化理解直到具体行动时，信息可能只剩 20%。

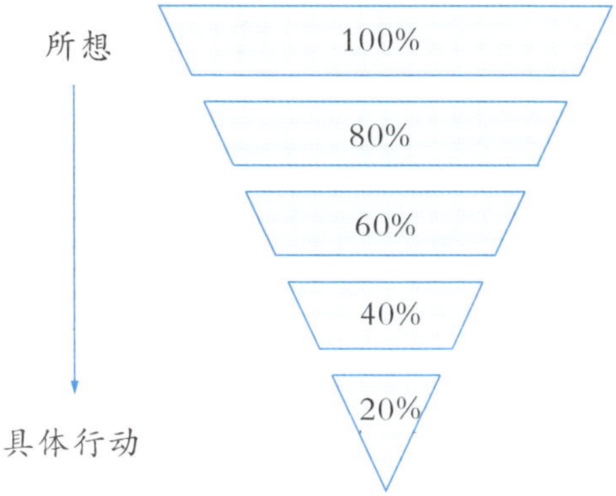

在职场沟通中，为了减少“沟通漏斗”的影响，我们需要对倾听的结果进行确认，即复述。复述是一种职场沟通时经常采用、能极大提高沟通效率的方法。

把在会议上听到的信息用自己的话复述一遍，然后和领导确认：“您想说的是这个意思，是吗？”如果领导的回复是肯定的，那说明你的理解无误；如果领导的回复是否定的，他会再解释一遍自己表达的重点。这样就可以达成双方都比较清晰明确的沟通目的。

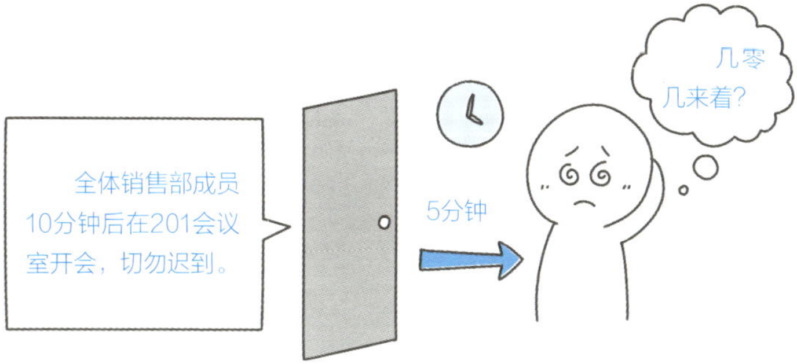

通过复述，确认倾听

第五节 提高职场能见度，从汇报工作开始

这已经是领导第二次想不起来我叫什么名字了，好难过，我在公司里真的这么没有存在感吗？

如果领导不知道你的工作能力，也对你没任何了解，出现这种情况倒也能理解。

领导记不住我，是不是一件坏事？

某些方面是的，如果你想在职场走得更远，你得学会让领导看见你。

拒绝做职场“小透明”，提高职场能见度

职场“小透明”，是指那些在工作中没出过什么错，但也缺乏亮点的同事，他们在职场中没什么存在感，很容易被领导和同事忽略。被忽略就意味着领导看不到你的能力，你也没有什么机会升职加薪。

要想走上职场晋升之路，你首先得让人看见，尤其是被自己的上级领导看见，只有这样，对方才能进一步了解你，你才有更多机会发挥你的工作才能。

对于刚入职场的新人来说，最需要提升的除了个人能力外，还有自身的能见度。

为什么你在职场缺乏存在感?

很少和同事、领导打交道

如果你仔细观察，会发现那些在职场中存在感低的人，除了每天默默无闻地做自己的工作外，几乎不和周围同事聊天、沟通感情，也很少参加同事组织的小型聚会、公司的团建活动。

很少和同事、领导打交道

在职场中，如果你想被别人看到，一定要在办公室刷存在感。与同事、领导交流互动就是一种刷存在感的方式，通过这种方式，让同事、领导逐渐了解你、记住你。如果你几乎不参加社交，那么同事们有活动也不会再喊你参加，你自然就会成为“透明人”。

不懂汇报，一味埋头做事

很多职场人的普遍想法是：把工作做完就万事大吉了，埋头苦干的人终究能够得到领导和同事的赏识与认可，主动汇报就等于炫耀工作业绩，不谦虚。

都说“会哭的孩子有奶吃”，这个道理同样适用于职场。领导一般只注意到那些主动表现自己的员工，他们往往只能看到已经闪闪发光的钻石，而没有时间去探索你是不是一颗蒙了尘的珍珠。

长期处于不争不抢不邀功的状态，好处是一般不会被卷入公司内部激烈的竞争旋涡，因为很少有人会把一个“透明人”当作假想敌；但坏处就是，领导根本记不住你的存在，久而久之，公司里所有的晋升、加薪、评优都和你无缘。

所以，提高自己的职场能见度，至关重要。

不懂汇报，一味埋头做事

重视每一次工作汇报

要想让领导看见自己的能力，你有很多展示的机会，比如在会议上提出有建设性的想法，比如成功签约了一个大客户，比如汇报工作，等等。

对于职场新人来说，汇报工作是提高职场能见度性价比最高的方法。

为什么这么说？因为像会议发言这种事情，会考验你的临场反应能力，如果你的建议不够亮眼或者发言过于紧张，反而会留下不好的印象。而签下一个大客户这种成果则不是短时间内可以实现的。因此相比之下，汇报工作就好处多多。首先，工作汇报是职场人必不可少的工作内容，我们几乎每天都要汇报工作，像周会、月会、季会这种总结回顾性会议，更是工作常态，你有很多机会展示自己的能力。其次，汇报工作还意味着这里是你的主场，此时全场的焦点只有你一人，领导和同事都要认真听你发言。只要你提前做好充足的准备，工作汇报做得漂亮，就会给领导和同事留下深刻的印象。

所以，重视每一次工作汇报，目标明确、有策略、有侧重地去做汇报，才能助力自己的职场发展。

职场汇报工作的两个基本原则

工作做完并不等于工作结束，工作进度最后的 1% 永远是由你的汇报完成的。掌握以下两个基本原则，让你在这个效率至上的职场，每一次的工作汇报都有意义。

不要被动汇报，要主动汇报

很多新人没有汇报工作的意识，工作做完了也不会说一声。他们往往被动地等领导来问才会说明一下工作进度。领导不会喜欢那些不及时汇报工作的员工，尤其不喜欢那些“挤牙膏式”的汇报，领导问一句，员工才答一句，效率太低。

当领导主动问你工作进度时，一定程度上说明他已经很着急了。

如果你已经完成工作，且工作质量很高，但因为你没有主动汇报，这份工作的质量就可能在领导心里打了折扣，领导还会责备你“下回做完了记得和我说一声，不要等着我来问”。

如果你还没有完成工作，那么你的麻烦就来了，因为你很可能已经影响到整个团队的工作效率。通过这件事，你在别人眼里就成了一个工作不自觉、做事不靠谱的人。职场之中，有时候对自己产生影响的未必是能力，而可能是不起眼的小事。因为这些小事恰恰说明了你的工作态度和责任心。

另外一种被动汇报的情况，是有些新人不敢汇报。一方面是因为害怕领导，另一方面是因为怕领导太忙，自己的汇报会打扰到领导。

有时候，领导确实会忙到无暇顾及你的工作进展，但若等他突然想起来还有一件事情你还没给他回复，你的考验就来了。

因此，即使领导再忙，你也要主动汇报，约一个具体的汇报时间。

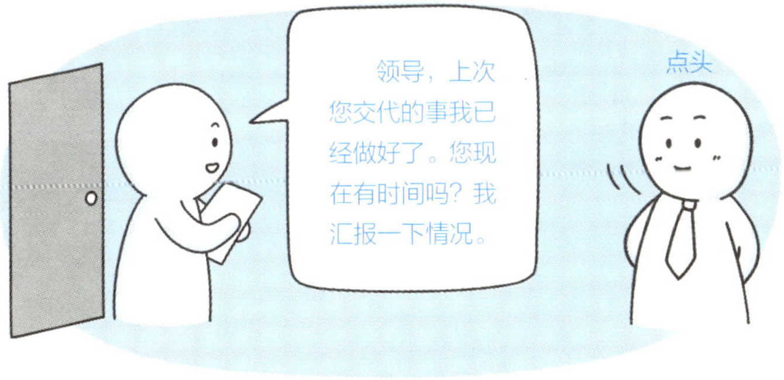

主动汇报，约一个具体的时间

所以，千万不要被动地等领导来找你，一定要主动找领导汇报。

事事有回应，无论大小事都要汇报

在向领导汇报工作时，不仅大事要汇报，小事也要汇报。

这是为什么？因为只有通过汇报，领导才能知道你工作的进度。

我们换位思考一下，如果你是领导，你把一件事情安排给下属后，你的心情如何？

这就像我们托人办事，肯定想知道别人把事情办得怎么样了。如果对方迟迟不给回复，肯定就会焦虑、着急、担心。而领导就是这种心情。无论是大事还是小事，只要领导把一件事情安排出去，这件事情就脱离了他的视野和掌控，领导就无法知晓事情办得怎么样，过程中是否遇到了困难，这时下属的反馈就成了唯一途径。

所以，作为职场人，一定要做到无论大事小事，事事有回应，及时反馈，不让领导着急，不让领导等待。通过一件件小事，你便会不断积累领导对你的信任，领导也会越来越放心地把更多工作交给你。

大事小事都汇报

如何进行一次让领导满意的工作汇报？

以下这些汇报工作的干货技巧，希望能够帮助到被工作汇报困扰的职场新人们。希望每一个有能力的新人都能摆脱“透明人”的身份，提高自己的职场能见度，在工作岗位上发光发亮。

先讲结果，再讲过程

一次成功的工作汇报，肯定要按照“领导最想听什么”的逻辑进行安排。

职场是一个以结果为导向的地方，我们每个人的工作付出都会被量化。通过一些数据或成果的量化，领导才能知道你为公司做了什么。因此，领导最看重的就是工作结果。所以，我们汇报的逻辑一定是先讲结果再讲过程。

因此，汇报工作时，你一定要开门见山地先抛出这些运营数据，重点强调，然后进一步阐述一些工作细节，切记：讲细节的时候不要太啰唆，围绕会议重点，简明扼要表达即可。

先结果后过程的汇报思路，可以让领导迅速理解你的汇报逻辑，感受到你的用心。

提出问题时，先给出自己的解决方法

有时候在汇报工作时，我们会有一些待解决的问题要和领导商讨。

遇到这种需要讨论解决方案的情况，一些职场新人就容易犯错误。在提出问题之后，他们直接问领导：“现在项目遇到了一个棘手的问题，我不知道该怎么解决，领导您是怎么想的呢？”

这种沟通究竟错在哪儿？在遇到问题时，你没有提出自己的想法，而是将问题直接抛给领导，让领导给出解决方案，这样的处理，领导会觉得你缺乏独立思考能力。

既然是工作汇报，领导肯定要看你的想法如何，他的作用是在你需要时提供工作上的帮助和建议，而不是直接解决你的问题。如果你遇到工作上的困难，自己都没有努力思考解决方法，就直接让领导解决，那还要你何用。

因此，正确做法是：在抛出问题的同时，你要提供两到三个深思熟虑的解决方案，并阐述理由。

举例：

“现在项目遇到的问题是××。针对这个问题，我觉得有两种方案可以解决。第一种是××，第二种是××。个人比较倾向于第一种方案，虽然我们这边做出了更多的让步，但可以给客户留下好印象，未来客户也会更倾向于继续和我们合作。领导您是如何想的呢？”

如果领导认同你的提议，那就代表领导认可你的处理方式和思考能力；如果你的提议不够有说服力，领导也会提出他的看法，这样你的思维能够进一步拓展，对今后的工作也会有很大的帮助。

如何拿捏工作汇报的度?

很多职场新人拿捏不准工作汇报的度，一方面担心汇报过于频繁，惹领导生厌；另一方面又担心汇报次数不够，领导不能及时跟进项目动态。接下来，我们分两种情况进行具体分析。

时间跨度较短的工作

有些工作几分钟就能完成，比如打印一份文件。有些工作一天之内就能完成，比如处理一份报表。

对于这种短时间内能完成的工作，我们尽量做到什么时候完成就什么时候汇报。

这样汇报的好处是：如果当天因为处理这项工作你加班了，当你和领导汇报工作时，领导还能知道你加班的辛苦，你的辛苦是有意义的；如果你提前完成了工作提前汇报，那么在领导给出反馈后，如果报表有一些需要修改完善的地方，你还有时间去处理。若你一直拖到快下班才汇报，一旦报表有什么问题，那你可能要加班或第二天修改，这样就很耽误时间。

时间跨度较长的工作

有些项目需要三五天甚至一两个月才能完成，我们不可能等到整个项目完成后再汇报。一个比较好的汇报频率是分阶段汇报，以周为单位进行一次工作成果的小汇报，以月为单位进行一次总结性的大汇报。这样做，可以体现你对项目认真负责的态度，也让领导对你的工作进度心里有数。

在整个项目过程中，当工作有成果时，你要汇报，领导看到你的工作成果，肯定你的工作能力之后，你工作起来便会更加有干劲，会积极推进工作进度；当工作遇到棘手问题时，你更要汇报，领导可帮你把关，适时给你提供工作指导，确保你的工作能够顺利开展，直至圆满完成。

实操贴士

——当你需要请同事帮忙时，怎么办？

工作中，我们难免会遇到一些自己解决不了的困难，这时，你就需要向同事求助，借助他人的力量来解决问题。这样做不仅能节省时间，避免走弯路，还能通过与他人的沟通，建立良好的人际关系。

但是，对于一些新人来说，开口求助并不是一件容易的事，他们担心开口之后会被同事拒绝。如何才能让同事愿意帮助你，在麻烦对方的时候不让他感到困扰？我们需要学习一些职场请求的小技巧。

看准求助时机

同事同意帮助你的前提，一定是他有这个时间。如果对方实在是忙得脚不沾地，这种情况下就算你提出了请求，大概率也是被拒绝。

另外，我们还需要考虑同事的情绪问题。不要在别人心情不好、状态差的时候去打扰别人，这样也很容易被别人拒绝。

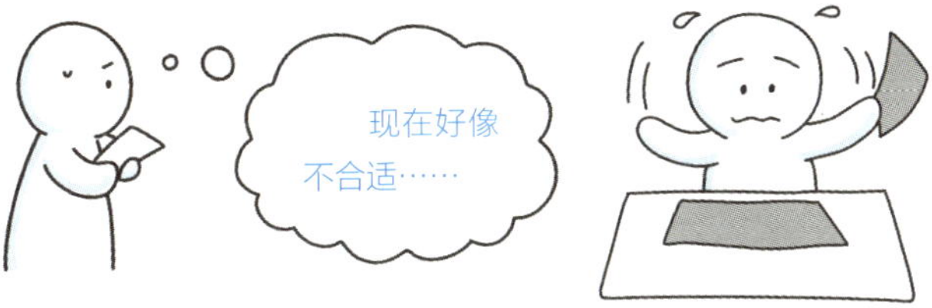

看准求助时机

注意态度

请别人帮忙就必须要有请别人帮忙的态度。麻烦同事帮忙的时候，态度一定要好，说话要客气，要以征询的口气跟同事商量，这样同事会感觉受到了尊重，如果事情也比较好办，对方一般不会拒绝。

千万不要用命令的语气和同事讲话，不要给人一种必须帮你、别无选择的态度。如果你是这种态度，那没人会愿意帮你。对于你的请求，同事其实没有义务必须帮你，他帮你只是向同一个团队的成员伸出援助之手而已。

在事情办完之后，你也一定要真诚地表示感谢，发自内心地向对方说声“谢谢，麻烦你了”，或是请对方喝一杯咖啡，只要能表现出你的真诚即可。

注意态度

注意请求的表达

首先，开门见山地向同事说出你的请求，不要拐弯抹角地让对方猜，浪费彼此的时间；其次，把请同事帮忙的原因也说清楚，一般只要你表现出自己的真诚和迫切，同事只要能办到，都会答应。

另外，话语中要体现出这两点信息：第一点是表示自己已经尝试了各种方法，仍然没有找到有效的解决方法；第二点是表达对对方能力的认可。话语中体现了这两点信息，会提高对方帮忙的可能性。

举例：

“张总，您有时间吗，能麻烦您帮我评估一下这份客户提案吗？我自己已经修改了两三回，但还是觉得有些地方不够全面，我自己实在是看不出来了。上次那份×××提案还记得吗，您也帮我提过建议，我按照您说的修改了之后效果非常好。您看能抽一点时间帮我看下吗？”

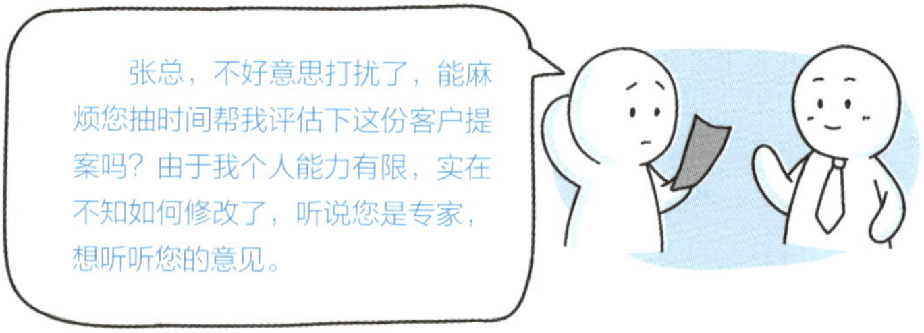

注意请求的表达

实操贴士

——当同事让你分担不属于你的工作时，怎么办？

这个问题相信很多职场新人都碰到过，并且困扰不已。

如果你答应分担同事的工作，你自己会不开心，因为除了给自己增加工作量之外，可能没有什么好处；可如果不答应分担同事的工作，又怕伤了彼此的感情，给同事留下一个坏印象，今后共事会很尴尬。

下面我们就来看看如何妥善地解决这个问题。

判断这个忙是否值得帮

职场中，大家都属于一个团队，同事有困难了互相帮忙，是很正常的事。

如果同事偶尔找你帮忙分担工作，而且工作本身并不复杂，同事本人也很有感恩之心，那么这个忙咱就是举手之劳，这样既显得你人好，还可以拉近同事关系，一举两得。

可如果同事非常频繁地找你分担他的工作，甚至觉得这项工作就该你来做，而且工作的复杂程度已经严重影响到你做自己的本职工作，这时候就必须拒绝。

如果你是一个刚入职的新人，还在适应公司和工作的阶段，担心贸然拒绝同事的请求会得罪人，这时候就要学会高情商地拒绝。

学会高情商地拒绝

拒绝的同时表示自己其实很想帮忙

低情商拒绝：

不要这样拒绝，太直接了，会给人冷酷无情的感觉。

高情商拒绝：

强调客观事实

“我真的太忙了，手上有好几个活都急着做完，今天晚上还要在公司加班赶工，实在是抽不出空来帮你，不好意思啊。”

高情商拒绝的精髓就在于，拒绝的同时也要表示出其实自己很乐意帮忙，只是客观事实存在自己没办法帮忙。虽然也是拒绝，但这样的措辞对方更容易接受。

提供替代方案

如果你担心自己的拒绝会给对方留下坏印象，想要挽回一点印象分，不如提供一个替代方案。

替代方案虽然不是全部帮他做完，但也能提供一些实质性的帮助，比如你只是帮忙做一部分工作，或者自己手边有一个资源可以介绍给他。

提供替代方案

对于同事一些合理的求助，还是应秉持能帮则帮的原则。

面对不依不饶的同事，给出对方无法接受的方案

如果同事不依不饶，表示这个忙你非帮不可，那么对付这种同事，就必须采取一些手段，提出一个他无法接受的方案。

给出对方无法接受的方案

如果这项工作本来就是同事分内的事情，他只是想偷懒才找你，那么当你拿出自己的上级领导来施压的时候，他肯定不会找你的领导去说，暴露自己想要偷懒，因此他只能选择说“不”。

第二章 情绪调节

第一节 拒绝“玻璃心”，练就“强心脏”

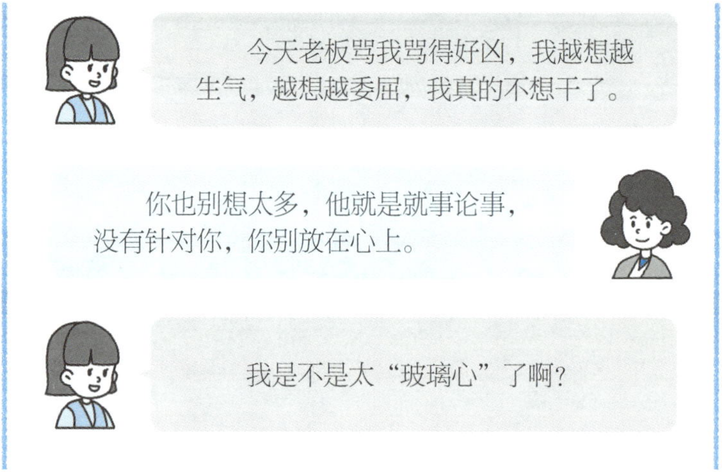

没有不委屈的工作，只有“玻璃心”的员工

对于刚入职场的新人来说，做错事不可怕，“玻璃心”才可怕。先来列举一些常见的职场“玻璃心”情绪：

＊受到一点否定和批评，整个人就蔫了。

＊很容易觉得在工作中受委屈，有时候甚至产生“不想干”的想法。

＊容易多想，有时候因为同事或领导的一句话、一个眼神、一个动作，便开始脑内小剧场：“他是不是对我有什么意见？”“是不是我哪里做得不好？”

如果以上这些行为你都存在，那就要注意了，你已经有“玻璃心”情绪。

其实，拥有“玻璃心”的人，大多都是敏感型人格，他们的心就像玻璃一样易碎。有的时候，“玻璃心”情绪连他们自己都发觉不了，但是，它所带来的危害却不容忽视。

谁的职场不委屈

所有的工作都不是一上手就会的。作为职场新人，肯定需要在不断摸索的过程中，在一次次犯错中积累经验，才能把工作越做越好。因此，在职场中受到批评或指责很正常。

批评不可怕，关键在于你如何看待批评。批评不是只意味着否定，你还需要看到批评背后积极的一面：上级希望能够教会你更多的工作经验，让你能够快点成长，独当一面，为公司分忧。对职场人来说，能够接受中肯的批评和指责，也是一种需要锻炼的能力。

在工作中被老板批评，难免会产生委屈的情绪。如果你刚进公司，经历一次两次批评觉得委屈，向同事抱怨，大家会理解你是新人经验不足，还会安慰你。但次数一多，就让人心生厌烦。职场是用来工作、解决问题的，而不是用来一次次地花精力哄同事的。

身为打工人，谁的职场不委屈？只是很多人默默地把委屈咽下，把委屈转化为动力，努力提升自己的工作能力，让下次的自己不再委屈。

职场不欢迎“玻璃心”

“玻璃心”的员工，会思考很多根本没必要在意的问题，他们需要花费大量的精力来调节自己的情绪。这样不仅会给团队带来影响，而且也将严重阻碍自己的发展。

即便“玻璃心”员工的工作能力、工作态度都没问题，但太多的情绪问题，会给员工管理带来很多麻烦。

所以，企业都希望员工心理强大、抗压能力强，认为这样的人才是能够委以重任的人。

职场需要的不是情绪，而是解决问题的能力

客户那边有一个紧急问题需要处理，而负责项目的员工忙着吵架、甩锅，放着问题不处理，这是专业人员该做的事吗？

人处在社会之中，会扮演不同的角色，每个角色都有其所

需承担的责任和意义。身为一名职场人，在遇到问题时，必须拿出专业的态度和能力去解决问题。一名专业人士，第一优先级永远是解决问题，再气再难也要把情绪放一边。

作为职场新人，面对不熟悉的工作，工作压力大，手头的工作又全都堆积在一起，整个人难免情绪敏感，易燃易爆炸，更容易“玻璃心”。面对困难时，很可能一味陷入情绪中，导致无法正常推进工作，还可能出现消极怠工的情况。

在职场最重视的，就是职员的办事效率和工作状态。没有企业会喜欢无法解决问题的员工。

“玻璃心”情绪是职场的绊脚石

都说职场不相信眼泪，确实如此，因为“玻璃心”并不能解决问题，有时候甚至还会激化矛盾。而情绪过后，烦心的问题依旧需要处理。

现实中有很多“玻璃心”员工让老板、上司、同事不爽，这些都是有目共睹的。你常常会在一些“玻璃心”的员工身上看到这些问题：职业发展受阻、人际关系不好、频繁跳槽等。

问题一：职业发展受阻

我们先换位思考一下。假如你是老板，你每天的时间已经被工作安排得满满当当，你希望手下的员工是什么样子？

自然希望员工能够独当一面，遇到事情能够把控全局，老板只需在后面做他强有力的支援，偶尔指点迷津即可。这样的员工对老板来说，省心又省力。

但是你手下有一个容易“玻璃心”的员工，说不得也骂不得，你一说他工作上有什么问题，他就委委屈屈，动不动就红眼眶，还三番两次提离职。你有何感受？

你会觉得心很累。这种累不仅是沟通上的累，还是你在百忙之中还要腾出时间去照顾他情绪的累。

这样的员工，即使工作能力很强，你也不放心让他负责重要项目，因为把重要项目交给这样的员工，就相当于把重任交到一个“定时炸弹”手上。相比之下，老板们更愿意选择一个办事可靠、行事稳妥的员工，至少这样的员工不会出大错，还能给他们满满的安全感。

因此，从一个老板的角度来说，他不太会重用一个容易“玻璃心”的员工，这类员工的职业发展很可能受阻。

职业发展受阻

问题二：人际关系不好

和老板一样，大部分职场人也讨厌“玻璃心”同事。

想象这样一种情况：工作时，大家都是为了完成任务解决问题，处理过程中难免会有分歧和争吵，有时候言语表达可能比较直接，或者声音大了点，这也都能理解。但你有一个“玻璃心”同事，他觉得你就是对他有意见，就算是当下两个人解释清楚了，之后两个人相处起来也别扭。

和“玻璃心”同事交流，意味着你要时时刻刻照顾他的情绪，生怕自己的举动又戳中了他的“玻璃心”，他又想多了。身为职场打工人，打工已经够累了，还要处处照顾别人的情绪，谁会愿意呢？

久而久之，大家都不愿意和容易“玻璃心”的同事有过多接触，不给自己找麻烦，更别提有什么深交了。这就是“玻璃心”员工普遍人际关系不好的原因。

人际关系不好

问题三：频繁跳槽

职场上的“玻璃心”，不仅让身边的同事烦不胜烦，他们自己也会深受其害。

人一旦陷入情绪之中，就很容易冲动做出决定，在工作中觉得不开心、委屈，情绪一上头，立马就辞职了。很多“玻璃心”的员工，在一家公司一般待几个月就跑了。

频繁地变动工作，频繁地适应新环境、与新同事相处，都是很费心力的事情，这何尝不是在给自己找麻烦？

也许很多人会把自己频繁离职的原因归结于公司：公司的老板不好、上司经常发脾气等。但不久之后你可能会发现，委屈的情绪依旧会在新公司上演。

这是为什么？因为在上一家公司没有解决的问题，依旧会带到下一家公司。这时候你就得找找自己的原因了，也许让你委屈的真正原因不是别人的态度，而是你有一颗“玻璃心”。

当带着一颗“玻璃心”时，无论你去到哪里，都会觉得委屈。这时候，你应该改变的是自己，而不是别人。

频繁跳槽

如何克服“玻璃心”？

在职场中行走，如果带着一颗“玻璃心”，注定无法走得更好更远。如果你想要升职加薪，取得更好的工作成果，那么，必须克服自己的“玻璃心”，练就一颗“强心脏”。

接受自己的“玻璃心”

我们一提到“玻璃心”，似乎就觉得是贬义、批评。其实并不是。每一个事物都有好的一面和坏的一面。

轻微的“玻璃心”是有益的，是对工作反馈敏感的表现，也代表着我们对工作认真负责的态度。但过度敏感就不可取了，这便是本节所提到的“玻璃心”含义。

克服“玻璃心”的第一步，就是停止逃避，接受现实。

有些人可能不愿意承认自己是“玻璃心”，这就是在逃避。逃避会导致我们无法正常看待问题，甚至会歪曲事实，将一些莫须有的事情和自己扯上关系，引起不必要的困扰。

我们要承认自己确实有“玻璃心”，承认自己面对工作时，有时候会感性大于理性，不能客观地看待事物。

只有你接受了自己是一个“玻璃心”的人，接纳了最真实的自己，才能在此基础上进行改变。接受才是一切改变的开始。

寻求适当方式，直面“玻璃心”

学会情绪管理，合理宣泄情绪

人会有各种各样的情绪，天性如此。工作中有情绪，很正常。我们要注意的是，千万别让情绪影响到你的工作，要学会情绪管理。

我们要学会做情绪的主人，而不是被情绪牵着鼻子走。情绪管理不是让你不发火，而是让你用一种合理的方式将情绪宣泄出去。

我们可以选择不同的方式来发泄情绪。比如说写疗愈日记，将心中的烦闷一一写下来；比如说找亲近的朋友聊一聊，吐吐槽，不建议找同事吐槽，因为很可能扯上一些其他的利弊关系，不好说清楚。

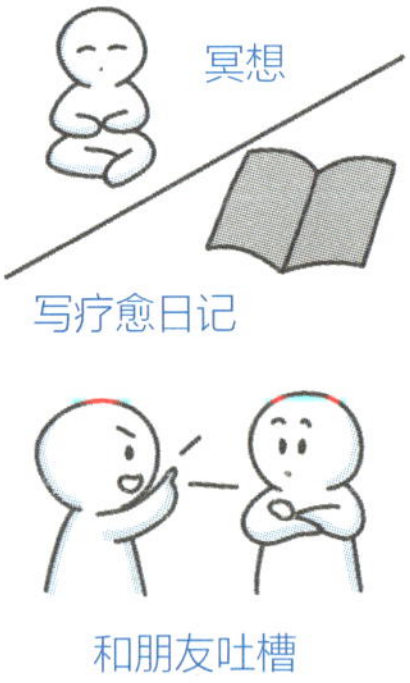

学会情绪管理

做好情绪管理后，你便有更多的精力可以放在如何解决工作问题、提升个人工作能力上。

学会就事论事，不上升到人

“玻璃心”最大的问题就是过于关注情绪，将情绪放在第一位，并且很容易从事情上升到人。

我们可以通过有意识地控制自己的思考方式，把关注重点从情绪转移到问题上，学会就事论事，理性分析问题。

学会就事论事

工作时，若遇到老板发脾气或与同事争执，要本着就事论事的态度，先理性地听听别人说的话是否有道理，如果有道理，那就听取建议，自己去做一些弥补或改进。若确认自己的行为没什么问题，就别患得患失了，一直在那里猜想老板或同事的心思，反而影响自己的状态。

增强自信心

有“玻璃心”的人一般都敏感、自卑，过于在乎别人的看法，所以增强自信心也很重要。

作为职场新人，我们很多时候缺乏自信，担心自己缺乏经验做不好工作。但是，如果你对自己都缺乏信心，那么你又如何让别人相信你呢？

分享一个很有用的方法——先假装自己可以，然后，你就可以了。

提高自信心

这个方法的关键在于，把自己的注意力从担心失败转移到相信自己有能力做好工作上。

随着你在工作上越来越得心应手，你的自信心也会增强，你便越来越相信自己能够做好，整个人也会愈加自信。这是一个职场人的良性状态，当一个人自信起来时，自然也就不会对别人的言行举止太过敏感了。

锻炼钝感力

如果你观察过领导层，就会发现他们的情绪始终管理得非常好，一直是一种积极向上热爱工作的状态，好像对工作从来没有抱怨。

这就是职场新人和职场老人的本质区别。老人早就拥有一颗“钢铁心”，也就是所谓的钝感力，即“迟钝的力量”，一种能够对周围事物不过于敏感的能力。

钝感力强调的是对抗困难的一种耐力，是“厚着脸皮”对抗外界的能力。

职场新人最需要锻炼的就是钝感力，要让自己的心变得粗糙些，能够承受各种锻炼和痛苦。

一般来说，那些特别能扛骂的职员，工作发展得都不错。所以，收起“玻璃心”，扛得住事，只有这样你的前途才会更光明。

锻炼钝感力

第二节 负能量是传染病，害人又害己

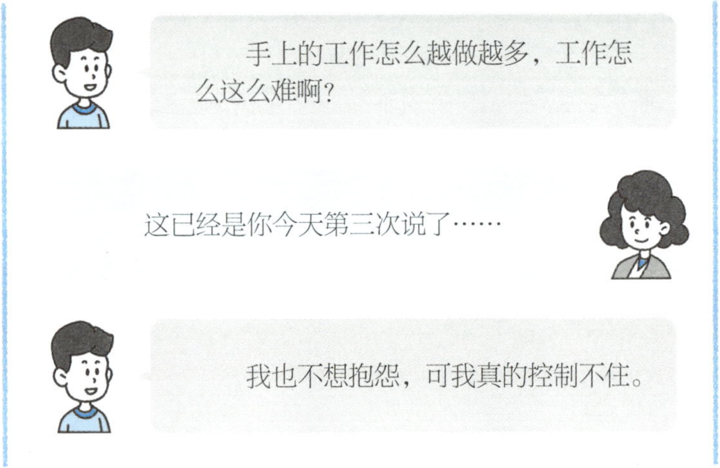

警惕职场上的负面情绪

不断累积的职场压力，导致职场人非常容易被负面情绪所困扰。

如果你对上班十分抗拒，如果你总是吐槽工作、吐槽领导、抱怨同事，注意，你已经在不知不觉中散发负能量，这很危险。

“踢猫效应”：负能量是会传染的

负能量也称消极情绪，和正能量是一组相对概念。

如果说正能量是一种积极能量场，可以让人变得更加积极向上，支撑我们不断前进，追求幸福快乐的生活，那么负能量能迅速让人心情变差，使人意志消沉。负能量的累积，不仅会产生心理问题，也会消耗体能，降低心理免疫力和身体自愈力。

正如快乐可以传递，负能量同样会传染。心理学有一个理论叫“踢猫效应”，它描绘的就是一种典型的负能量传染的连锁反应。

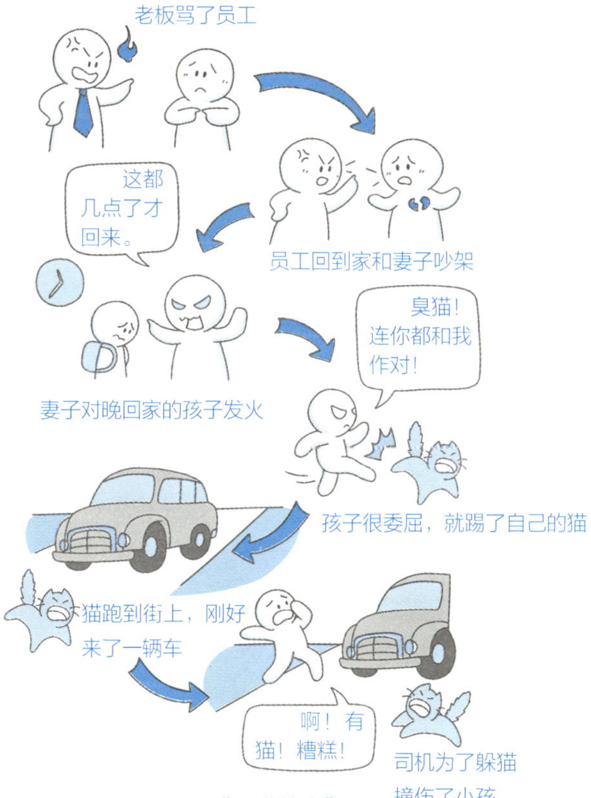

“踢猫效应”

当人情绪不好的时候，潜意识会选择比自己弱小或者无法还击的弱者去发泄自己的坏情绪。一连串反应可能会对他人造成伤害。

也许，你已经多次不自觉地加入“踢猫”队伍中，不仅将工作中的不良情绪带到了家里，而且把生活中的不良情绪带到工作中。这种行为伤人又伤己，整个职场都会被你传染而充斥负能量，在这种工作环境中，不仅自己无法进行高效沟通，同事也没法愉快工作了。

如果你想拥有良好的工作氛围，就要学会做一个情绪管控者，而不是“踢猫效应”的传递者。

产生职场负能量的两大原因

有数据显示，72% 的职场人会因为工作产生不良情绪，最让职场人难以接受的就是 PUA（被领导打压、挑剔、压榨，进而对自己产生怀疑）。其次是工作得不到认可、被不停地甩锅，以及无法完成的高 KPI（关键绩效指标）。

总结来说，产生职场负能量的原因大概可以分为以下两点。

第一个原因是我们每个人对自己都是有要求的，在工作中也是一样，希望自己成为一个很厉害的职场人，能够获得领导和同事的认可，实现自我价值。因此，当我们的工作无法顺利进行、无法达到自己的预期时，就容易有挫败感，产生负面情绪。

第二个原因是职场中人际关系的处理，比如上下级沟通、同事关系等。

职场中 90% 的烦恼来自人际关系。

网络上也经常看到有网友发表“我可以上班，但不要让我和人打交道”这样的言论，充分道出了职场人对人际关系的疲惫感。

凡是在职场待过的人，都明白和人打交道会耗费很多的时间和精力，因为沟通中存在太多的不确定性。尤其是有时候决定权在对方手里，我们只能被动地催促和等待，这种感觉非常让人心累。

工作中出现不好的情绪在所难免，一旦产生这样的情绪，一定不要置之不理任其发展，否则不仅会影响我们的工作进度，更会对我们的身体和心灵产生难以挽回的伤害。

别让负面情绪成为你职场晋升的绊脚石

你会发现，那些在职场混得不好的人总是喜欢抱怨，总是负能量满满。领导们也不会喜欢这些总是传播负能量的职员，而理智的职场人，也会主动远离这类同事。因此，他们在职场的处境就陷入了恶性循环。

如果想在职场往上走，就一定要管理好自己的负面情绪，别让负面情绪成为职场晋升的绊脚石。

情绪管理是职场晋升的重要软实力

无论你是职场新人还是职场老人，一定会碰到让人产生负面情绪的情况。

职场新人和职场老人对待负面情绪的区别在于：在经历了无数的负面情绪冲击后，职场老人已经能够只谈事不谈情绪；而职场新人往往容易被情绪牵着鼻子走，经常把叹气挂在嘴边，动不动就委屈了、不干了、生气了，不仅浑身散发着负能量，还要让领导和同事哄着他，实在是不成熟。

现在我们想象这样一个画面——工作上遇到一个很棘手的问题，你的直属领导慌里慌张地说："这可怎么办啊？这回是真的要完了啊！"你看到时会有何感想，你大概会想："这样的领导，我真的可以放心跟着他吗？"

靠谱的好领导一定是面对疾风纵使内心万千慌张，表面也依旧稳如泰山。因为他要给下属吃一颗"定心丸"，让他们觉得问题一定可以顺利解决，这样下属才能安心继续工作。一个靠谱的管理者，也是一个优秀的情绪管理者。

因此，情绪管理是职场晋升之路非常重要的软实力。当你和竞争对手的学历、经验、能力都不相上下的时候，良好的情绪管理就是你的最大优势，可助你一臂之力。

换个角度看问题，关注负面情绪中积极的一面

面对工作中的各种困难和不如意，一味地抱怨和逃避没有意义，因为这样的行为改变不了什么，反而会让自己的心情更糟，让自己处于更加难堪的境地。

如果你想从困境中走出来，不被负面情绪所裹挟，理性的做法就是停止抱怨，积极行动。

你要学会换一种角度看问题。有负面情绪并非等于百分百的坏事，我们要学会关注负面情绪中积极的一面。

针对客观事实，积极的人和消极的人有不同解读。

事实上，负面情绪对我们来说有积极意义。只要我们用心倾听就会发现，负面情绪的背后，其实反映着我们的工作出现的问题，这也是我们自查工作进展的一个不错的方法。

比如，上司刚刚被老板说了，转头就冲你发脾气，批评你事情做得不好。你可以问自己：这件事情给我带来的正向影响是什么？

也许是提醒自己情绪管理的重要性："我千万不能像领导这样，乱发脾气，迁怒无辜的人，要做一个更有同理心的人"。也许是领导的鸡蛋里挑骨头，让你更加认真地审视自己的工作，找到进一步提高自己的空间。

如何化解负面情绪？

一个优秀的职场人，一定要学会做负面情绪的主人，并将负能量转化为可为你所利用的正能量。

这会帮助你在职场晋升之路上越走越远，成为领导眼中靠谱的员工、同事眼中可信赖的帮手。

管理自己的负面情绪

允许负面情绪飞一会

情绪是无罪的，但有正面和负面之分。情绪是引发人们行动的动机，负面的情绪会让人感觉到难受、降低人的自控能力，还会使人做出一些令自己后悔的事情来。

面对负面情绪，我们先别急着抗拒它、否定它，你越抗拒越否定，它的存在感反而越强。这时候，我们要做的就是接纳它、感受它，让它飞一会。

这时候，可以暂停手头上的工作，情绪不对的时候，是没办法好好工作的。转移一下注意力，去做一些自己喜欢的事，不管是和朋友聊聊天，还是去楼下散散步，感受下新鲜空气，都能帮助你有效排解负面情绪。

学会恰当表达自己的情绪

人的情绪是一个能量守恒的系统，当你有负面情绪且过度压抑时，后果一定是向内吞噬、向内攻击，压抑和回避是一种很不健康的状态，长此以往，你的心就会生病，严重的话还会发展成抑郁症。

压抑并不是正确处理情绪问题的方法，问题不会自己消失，而是需要你及时处理。只有你拥有稳定健康的情绪，才能在职场上更好地展示自己。

找人一吐为快，宣泄情绪

与其把不开心的事情压抑在心里，不如去寻找愿意倾听的对象。吐槽、倾诉的过程就是一次无比爽快的心灵排毒的过程。

什么样的人适合作为倾诉对象呢？

第一，他愿意听你倾诉，接受你的负面情绪，且能够把它消化掉；第二，他和你要说的事情没什么关系，他能站在一个客观的角度给你提供意见，提供情绪上的安慰；第三，他愿意静静地陪伴你，等你的负面情绪完全消解。

看完这些，你的心中也许已经有了答案。你最好的朋友、你的家人，作为你坚实的后盾，都是很不错的人选。

愿意听，能接受，能消化负面情绪

提供客观意见　　静静地陪伴

选择合适的人作为倾诉对象

恰当地表达，帮你把握更多的职场机会

控制情绪并不是不表达、不沟通，把什么话都藏在心里。

真正阻碍职场发展的其实是情绪的错误表达，不是情绪表达本身。

恰当地表达，你就可以把握更多的职场机会。

情绪上头的时候，千万不要表达，越表达反而越糟糕。等情绪平缓，能够客观看待这件事时，才是你表达的最佳时机。冷静且有度地将你的感受和情绪表达出来，不仅会使事情推进得更顺利，也可以让你了解对方的真实想法，还能够为你的职场良性发展打开通路。

例如，你和张总在会议上因工作争论了几句，事后你冷静下来发现自己有问题，便主动找对方破冰："张总，今天下午的会议上，我确实态度有问题，说话有些咄咄逼人，这里我先向您道个歉，对不起！但您刚才说话也挺冲人的，我心里其实也挺不舒服的。我明白咱们两个都是为了项目好才这样的，这次的冲突就是一次工作上的交流，希望不会让您产生误解。"

张总："多大点事啊，工作中太正常了，我没放在心上。没想到你还挺敏感的，看来以后我要多多注意一下措辞表达。去好好工作吧。"

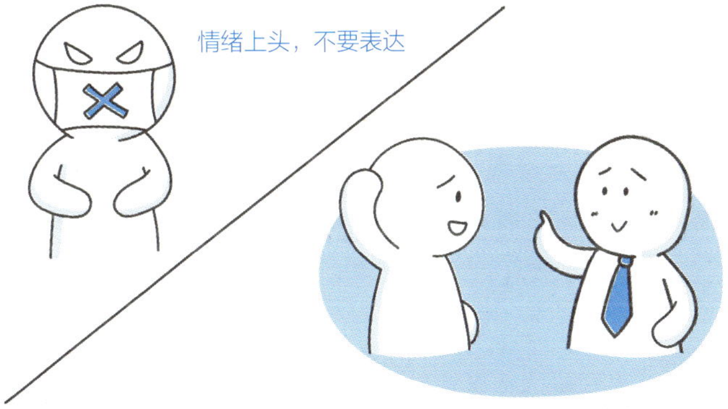

恰当地表达，帮你把握更多职场机会

管理他人的负面情绪

除了要学会自我情绪管理外，管理他人情绪在职场人际交往中也很重要。

当你的同事出现负面情绪时，首先你要控制好自己的情绪，不要被他传染；其次如果你愿意，可以试着帮助他走出情绪的低谷。

你可以先询问对方是不是有什么不开心的事，既表达对他的关心，又提醒对方意识到自己的状态。

如果对方愿意敞开心扉聊一聊，那么在聊天的时候，刚开始千万别和他对着来，一个处于负面情绪中的人是没办法好好听你说话的，就算知道你说的是对的，他也不会表示赞同。

所以，刚开始他说什么，你都要顺着他说，以安抚他的情绪为首要目的。比如，“我理解你的想法，要是我遇到这种情况，我也会……”，或者是“我挺能理解的，的确是这样……”，或者是“谁碰到这种情况也会这么做的……”。

等对方情绪稍微稳定，就可以进行理性沟通了，这样对方抗拒你的概率会大幅下降，就能成功沟通了。

如果这位同事根本无法管理自己的负面情绪，他对待任何人都是吹毛求疵，甚至肆意发泄情绪，那我们该怎么办？

这个时候，我们就要意识到，他的状态并不是我们能够改变的，他是不想改变罢了。

所以我们要选择保护自己，尽量不要被他的负面情绪传染，也别去和他争论谁对谁错，因为一旦他非要和你杠上，事态反而越发难收场，这是一种自我保护的选择。

第三节 别让“蕉绿”绊倒你

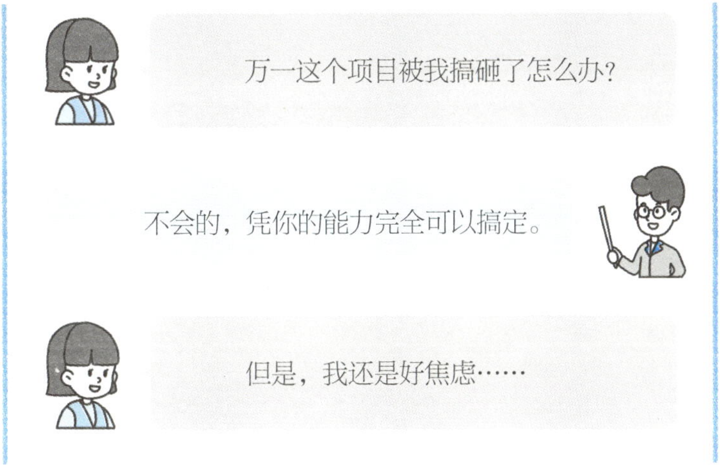

没有一个职场人不焦虑

作为职场人，也许从进入社会的那一刻起，职场焦虑就紧随身后。

当我们在工作中感到身心疲惫和迷茫的时候，就会产生自己都无法控制的心情，即焦虑。焦虑已经成为职场人的生活常态。

这是个无处不焦虑的职业时代

坐在隔壁的同事都已经升职为主管，你还是一名小职员；前同事跳槽后，工资翻番，职位层级也升了；同事又涨工资了，你的工资却保持不变；明明是同龄人，有人月入一万元，你月入三千元……

如今的社会，不管是我们听到的还是看到的，都使我们焦虑。尤其是看到别人升职加薪、事业成功，而自己什么都没有的时候，我们就无比焦虑，担心再不努力就来不及了。

这个社会也在贩卖焦虑，看完那些如《你的同龄人，正在抛弃你》《这个时代扔掉你的时候，都不会和你说一声再见》《23 岁，有的人已经当上 CEO，有的人还是一个平平无奇的小职员》的文章，再不焦虑的人也会触到内心深处的那一份潜在的焦虑。

这种焦虑不只来自那些通过给人们制造焦虑来让自己获益的商人，也来自每一个在互联网上抒发焦虑试图引起共鸣的平凡的打工人。

你有没有发现，焦虑是没有尽头的。我们总是在焦虑，尤其是为一些还未发生的事情焦虑，我们担心未来如果发生一些不好的事情该怎么办。

于是，我们便想做点什么防患于未然，可是又不清楚自己的目的究竟是什么，好像忙了一通，最后什么也没得到。这就是大部分人的焦虑现状。

职场新人都在焦虑什么?

职场作为我们毕业之后，每天待的时间最长的地方，压力也是只增不减，很多人都有或轻或重的职场焦虑。你每天都在焦虑什么呢?

焦虑做不好工作

即使面对普通的没有难度的工作任务，你也会感到过分紧张和担忧，总担心自己可能会在某个细节出差错，会造成工作失误。

而面对自己未接触过或更为复杂的工作，你更是焦虑，担心自己能力不够做不好。

这类焦虑在职场新人中很常见，因为他们还处于适应工作的阶段，很容易对自己的工作能力产生不自信的想法，从而焦虑。另一个原因是他们很在乎别人对自己的看法，也渴望得到领导和同事的认可，因此对自己高标准、严要求，追求完美，不想在工作中犯一丝一毫的错误，这就导致整个人的工作状态是紧绷的，无法放松下来，把自己整得愈加焦虑。

焦虑做不好工作

焦虑没有明确方向

如果你每天都做着重复性的工作，久而久之便会产生一种无意义感，对这份工作产生质疑：为什么我要坐在这里做这项工作？这真是我想要的工作吗？如果我每天只做这项工作，是不是哪一天我就会被别人取代了？我是不是应该换一条职业跑道，说不定更适合我？

你既迷茫又焦虑，内心蠢蠢欲动要转行去其他跑道试试，可同时你又害怕改变，担心改变之后的工作不是自己想要的。于是，你仍然焦虑地在原地踏步。

焦虑没有明确方向

焦虑努力了却看不到成绩

每一项工作任务你都保质保量地完成，准时上交，也毫无怨言地配合项目熬夜加班。你非常努力地工作，可是升职加薪没有轮到你，领导也直接忽略了你的努力。你很焦虑，产生了自我怀疑：为什么我努力了却看不到成绩？

努力了却看不到成绩

焦虑人际关系处得不好

除了工作，人际关系也很让人焦虑。你很羡慕那些在职场很受欢迎的同事，羡慕他们和每个人的关系都处得那么好，羡慕他们彼此配合，工作推进得又好又快，可是你社恐，不敢和同事们聊天说话，不敢付诸实际行动。

人际关系处得不好

焦虑对职场新人的负面影响

每个人都是一边焦虑一边成长。焦虑面前，人人平等。在职场，若你不能很好地处理焦虑情绪，不仅会对你的身心造成不利影响，还会影响你的职业发展。

影响身心健康

有些焦虑是伴随着工作任务而来的，当工作任务结束时，焦虑也就结束了，这就属于短期焦虑。短期焦虑会让人觉得身心疲惫，没有力气也没有动力工作。你可以选择一些适合自己的方式，比如运动、聊天，及时纾解自己的焦虑情绪，重回最佳状态。

如果你对自己的焦虑视而不见，时间长了很可能发展成长期焦虑，这可不是一两次运动、一次聊天谈话能解决的事，这将严重影响你的身心，甚至发展到使你无法入眠，这时候你就需要求助专业的心理医生来治疗焦虑。

影响工作表现

作为职场新人，有时候我们太想表现得好一点，得到领导和同事的赞同，所以很焦虑。

当处于焦虑状态时，你的大脑都被负面情绪塞满了，肯定会出现注意力无法集中、静不下心的情况，这反而会导致你无法专注工作，经常走神，会犯很多在平时状态好的时候根本不会犯的小错误。焦虑还会让你思维混乱、记忆力下降，限制信息处理能力，导致工作效率明显下降。

如果你长期处于职场焦虑状态，会使你情绪耗竭，产生职业倦怠，失去努力工作的热情和内在动机，工作愈加做不好了。

所以，我们不要把自己逼得太紧，一味地追求速度，非得让自己两个星期就学会一个月才能学会的东西。要学会张弛有度，给自己多一些时间，如此才能以最佳的状态完成工作任务，用自己亮眼的表现让领导印象深刻。

影响晋升之路

一名称职的职场管理者，不仅要管理好自己的工作，更要管理好自己的下属。这就要求管理者具备理智冷静、遇事沉稳等优秀的素质。

而一个经常陷入焦虑状态的人，会给人一种急躁、不沉稳、情绪容易失控、信任度低的感觉。这样的人做领导会让人担忧，不仅老板会担心这样的领导在碰到一些棘手问题的时候无法管理好自己的情绪，在工作中会出岔子，下属们也很难对这样的领导产生信任感。

因此，容易焦虑的人一般很难得到晋升。

克服职场焦虑，实现职场良性发展

真正的勇敢，不是不焦虑，而是明明焦虑，却依然在迷雾中看清方向，不犹豫地前进。通过一点一滴的改变，每个人都可以缓解自己的职场焦虑，走稳职场的每一步。

正确认识焦虑

其实，适度的焦虑是好事，它是身体在提醒我们：不能总安于现状，你需要做出一些改变。适度的职场焦虑可以激励我们努力提升自己，将更多的时间和精力投入工作中，避免我们沉溺安逸的生活，有一天会被别人取替。

但过度焦虑就是坏事。这时候，你整个人就会陷入恐慌之中。在这样的环境中，你的工作效率会大大降低，而工作效率的降低又会加剧你的焦虑感，使你最终什么事也做不成。

焦虑就是人的一种本能情绪，产生焦虑的情绪再正常不过。我们要做的不是彻底地消除焦虑，而是要和焦虑做朋友，提高自己对焦虑的耐受力。

和焦虑做朋友，提高耐受力

活在当下

你还在为一个已经发生的工作上的小错误而不断地复盘、责备自己吗？你还在因为担心自己能不能拿下那个大客户而夜不能寐吗？

很多时候，我们的焦虑来自不可改变的过去和不可掌控的未来，可人是活在当下的，为什么不看看我们所能掌控的当下呢？

只要你已经从过去的错误中吸取教训，只要你已经为争取这个客户做了最大努力，剩下的这些你无法掌控的事情，就学会放手吧。顺其自然，活在当下。只有这样，你才能够以更加轻松的心态去工作。

顺其自然，活在当下

不盲目攀比，只和自己比

很多时候，我们的焦虑是“自找”的。

我们总是拿自己和别人去做比较，甚至拿自己的缺点和别人的优势做比较。可总会有比你更优秀的人，如果总拿自己和他们做比较，你永远都会活在这种不如别人的焦虑中，痛苦不已。

要想改变这一局面，你要学会把目光从别人身上收回来，专注自己。

你要学会客观评价自己的能力，认清自己的优势和劣势，不贬低优点，也不放大缺点，这是你建立自信心的基础。

小郭是一个技术人员，小刘是公司的销售冠军。小郭为自己的不善沟通而焦虑，经常拿自己的沟通能力和小刘相比较。

我们来具体分析一下小郭的焦虑：小郭是一个技术人员，她的优势是技术，她的缺点是沟通，她拿自己的缺点和小刘的优势相比较，自然是越比越焦虑。

如何能够拯救小郭？首先，小郭要正确认识自己，肯定自己技术上的优势，虽然她在沟通能力上有所欠缺，但目前也满足日常工作沟通的需要。提高沟通能力，对她来说是一件锦上添花的事情。其次，小郭可以将重点放在提高技术上，充分发挥自己的优势，但如果她想在沟通能力上有所提高，她的比较对象不应该是擅长沟通的小刘，而应该是自己。比一比今天的自己是不是比昨天有了进步，比一比这次的沟通是不是比上次出色。和自己做比较，既是化解焦虑的妙招，也是敦促自己进步的佳策。

不盲目攀比，只和自己比

提升成就感

成就感是化解焦虑的良药。有成就感的人的内心往往是充满力量和富足的，焦虑的情绪也很难将他打败。因此，我们要调整好对工作的要求和期待，避免自己给自己施加过多的压力。

将大目标化解为一个个小目标

先给自己定个容易达到的小目标，用无数次小成长堆砌起发展的道路；用肉眼可见的成就给予自己肯定，这样你也会更有动力开展接下来的工作。

比如你的目标是本月成为部门的销售冠军。这个目标是不是看上去很有挑战性，高不可攀？

现在我们来把它拆成一个个小目标。你要把这个整体的目标量化。先了解目前的销售冠军的月销售额是多少，以此为基础除以四个星期，这样你就得到了每一周的销售额总量目标，然后你再定下每天需要联系的客户数量、需要达成的销售额目标等。

只要你按照规划，一步步完成每天需要联系的客户量，完成规定的销售额，即使最后你没有拿下销售冠军，你也能清楚地知道自己每天都在脚踏实地付出努力，也能了解自己和销售冠军的差距。下一次，你可以重新制订工作计划，更有效地达成目标。

学习新知识，不断为自己充电

利用下班后的时间，持续充电，不断提升学历与技能，可以让你的职场之路走得更开阔。

制订一份自我提升计划，读书、上网课都可以，学习一些和工作相关的专业知识和新技能，当你把你充电学习到的知识用在工作上时，你的成就感就会油然而生。

注意，学习不要急于求成，要给予自己充分的成长时间。

拆分目标，提升自己

运动改善焦虑

运动是公认的缓解焦虑情绪的好方法，因为运动时能够刺激身体分泌多巴胺，而多巴胺能够大大提升人的幸福感。

因此，当你焦虑不安时，可以选择一种你喜欢的运动方式，比如慢跑、跳绳、瑜伽等，在挥洒汗水的过程中尽情发泄情绪，缓解工作压力。

另外，如果你坚持每周规律地运动 3 ～ 4 次，不仅能够帮助你提振精神状态，使精神状态更加稳定，也能帮助你有效增强自信，工作起来更加专注、高效。

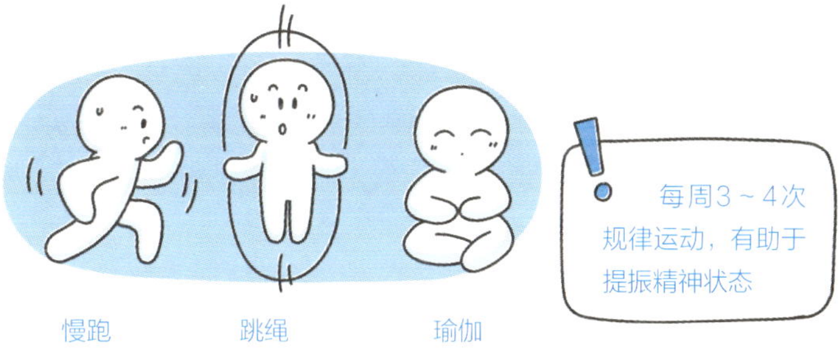

第四节 别让脾气大于本事

刚刚我又没控制住脾气，怼了同事，好后悔……

现在知道后悔了，刚刚说的时候怎么没见你收敛啊。

我真的知道错了，我等会向他道歉。

你真得好好改改你这脾气了，容易把同事之间的关系搞僵。

世界如此美妙，你却如此暴躁

有些人很容易被暴躁情绪牵着鼻子走，情绪一上头就控制不住，和老板拍桌子，和同事起冲突。然后刚发完脾气就后悔了，责备自己刚刚为什么就不能再忍忍……

如何才能避免暴躁情绪？这是很多职场人亟待解决的问题。

每个人都有暴躁的一面

什么是暴躁？暴躁就是遇事容易急、很没耐心、爱发脾气。

其实每个人的性格中都有暴躁的一面，只是有些人不一定有机会表现。

有些人天生就是容易暴躁的性格，性子急、暴脾气，很难控制自己。和这种人相处非常累，虽然你知道他就是这样的脾气，但和他在一起就像和一颗地雷在一起一样，你不知道什么时候就会不小心踩雷，“砰”一下就爆炸了。

有些人虽然性格比较温和，但偶尔也会展现出暴躁的一面。这类人轻易不发火，但一旦发起火来也很恐怖。

无论你属于哪一种情况，暴躁情绪都会带来很多坏处，不仅伤害别人，也伤害自己，更伤害彼此之间的关系。

其实，你也已经意识到了暴躁情绪的负面影响，只是不知道该如何控制自己的暴躁情绪。

一言不合就暴躁，导火索何在?

那些一言不合就暴躁的人，内心就像堆满了易燃物，外面一丁点火星，就会引发大火。

也就是说，引发暴躁情绪一定是有原因的。当外面有火苗靠近时，他们内心的易燃物就会被点燃。如果你一个人安安静静地待着，怎么会暴躁呢？一定有什么事情让你不爽，有什么人让你难受了。

因此，暴躁不是一个人单方面的结果，而是人与所处的环境互动的结果。

这个易燃物对于职场人来说，就是巨大的职场压力。这股压力不仅来自工作本身、人际沟通，也来自职场钩心斗角那些事。

一个几分钟就能沟通好的简单问题，同事却一直在问问题，而且问的都是你刚刚已经讲过的内容；一张海报客户反反复复要求改了十几遍，最后却用回了第一版；明明是同事的工作出错了，他却甩锅给你；问同事 A 要一份业务材料，同事 A 说他不管这事，让你去找同事 B，同事 B 又让你去找同事 C……

你是不是越看压力越大、拳头越硬、暴躁上身？职场的糟心事实在是太多了，每一件都让人压力上升。

人的压力一大，就很容易导致内分泌失调，引起脾气暴躁，这也就导致在工作中容易着急、没法控制自己的情绪，当问题发生时不能理智地分析解决，只会用情绪对待。

在职场人际沟通中，如果我们不能控制好暴躁的情绪，不仅会对我们的身心健康造成极大的伤害，而且会给我们的人际关系带来难以挽回的损失。

熬夜设计海报
这个底色太素了，换成红色吧。
好的，我会修改的。
反复修改几个版后
看来看去，还是第一版最合适。
改了十几次，最后却用回第一版！（拳头硬了）

职场糟心事

暴躁，职场进阶的障碍之一

都说冲动是魔鬼，而在职场，暴躁就是最大的那个魔头。一碰到工作出问题，就着急上火、发脾气，这样的人在职场上很不受待见，因为谁也不想被迫承受你的暴躁脾气。

要想顺利地在职场发展，就必须学会控制自己的暴躁情绪。

容易暴躁的根本原因是解决问题能力弱

项目合作的供应商那边工作出了纰漏，公司将面临一大笔损失。你作为这个项目的对接人，该如何处理？

如果你解决问题的能力非常强，当问题出现时，你的第一反应会是冷静，然后看如何解决问题。即便你当下非常生气，也明白现在不是发脾气的时候，骂几句之后注意力还是会迅速放在如何解决问题上。

你会立即去了解整件事情的来龙去脉，然后分析现在的情况究竟严重到什么程度，具体会损失多少；如何处理可以将损失降到最低，有几种可能的方案；迅速向领导汇报，看他如何建议；拉上领导和参与项目的员工开会，商讨具体执行细节。

从问题是什么、如何解决，到如何执行，解决问题能力强的人会一步步加快问题解决的进度。

可如果你解决问题的能力差，抓耳挠腮也不知如何解决，而此时着急、发脾气是你唯一会做的事，你也只能发泄情绪，以这种方式逃避问题，逃避自己的无能。

解决问题能力差的人在职场大有人在，比如一些部门的小领导，当发现下属工作上出问题时，他们的第一反应就是发脾气、劈头盖脸地指责下属，但若问他具体的解决方案，却没有一个像样的答案。这就是没有能力的领导的典型表现，无能又狂怒。

要想解决暴躁情绪，提升工作能力是基础中的基础。当你提高了自己分析问题和解决问题的能力，下一次面对问题时，你可以练习将注意力从情绪转移到解决问题上，以此避免暴躁情绪。

情绪暴躁的人，很难在职场上走得更远

不管你在公司属于什么层级，不算是小职员还是领导层，如果你是一个脾气暴躁的人，真的很容易错过一些原本唾手可得的工作机会，也很可能让你在无形中得罪别人。

破坏人际关系

搞好职场的人际关系有多不容易，职场新人应该深有感悟。

你花费几个月才让领导对你产生信任感，放心把工作交给你；你一次又一次主动地和同事聊天，从加入拼奶茶小团到成为他们固定的饭搭子，再到加入他们下班后的小聚会，花了无数时间和精力成为同事心中的“自己人”。

可是，这好不容易建立起来的人际关系，却可能因为你的一次发火，一朝回到解放前，甚至更糟。

有些人可能暴躁惯了，根本没意识到事情的严重性，觉得不就是说了几句重话，事后也道歉了，对方还要怎么样。但可能在别人看来，你就是那个没事找事、故意让别人不舒服的人，说不定还会在背后或其他同事面前说你的坏话，让别人离你远

一点。

建立好的关系需要付出十倍的精力和努力，而破坏关系却只需要一次愤怒情绪的发泄。

错失晋升机会

不管多好的机会摆在你面前，由于你的暴躁情绪，你也只能与机会失之交臂。

遇到一项很紧急的工作，你心里可能会控制不住地着急，你很想快速完成工作，但这很可能会让你没有经过细致的思考就仓促行动而导致忙中出错，无法使工作达到最佳效果，甚至会造成无法挽回的失误。

本来你是领导的得力助手，领导已经承诺下一个大项目会交给你来主导，结果一次会议中你控制不住地和领导拍桌子，和领导激烈地吵了一架，什么攻击性的话都说了，两个人的关系因此有了裂缝，而到手的项目也到了同事的手里。

职场不喜欢经常情绪暴躁的人，这样的人像一颗定时炸弹，也很难进行团队合作。所以，如果你想在职场上往上走，就必须学会控制自己的暴躁情绪，做一个能力大于情绪的人。

影响身心健康

虽说心里有情绪时，发泄出来比压抑在心里更有益于身心健康，但是，易着急又爱发火的人因为暴躁的次数太多，反而会导致更多其他负面情绪，如压力、抑郁等。

当一个人情绪暴躁的时候，很容易导致血压升高，同时内分泌也会失调，造成血糖血脂等代谢异常；另外，发脾气也会破坏你的免疫系统，影响免疫细胞的正常功能。

最重要的是，生气伤肝。人在生气的时候，身体会分泌出一种特别的物质，作用于中枢神经系统，导致血液和肝细胞内的毒素增加，从而影响肝脏健康。

为了你的身体健康，情绪管理非常有必要。发火虽然一时爽，但身体真的出现问题就不爽了。

如何避免暴躁情绪？

最有效的管理暴躁情绪的方法，就是在与领导和同事沟通时，一旦发现自己有暴躁的苗头，就采取手段把暴躁情绪扼杀在摇篮里。

避免暴躁情绪的几个小技巧

发脾气前先默问自己三个问题

俄国文学家屠格涅夫曾劝告那些易于暴躁的人：“最好在发言之前把舌头在嘴里转上几圈”，通过时间缓冲，帮助自己冷静下来。下面这个方法也是如此。

当意识到伤人的话要脱口而出、要发脾气时，先问自己三个问题：一是发脾气的目的是什么？二是发脾气之后你会后悔吗？三是有比发脾气更好的解决办法吗？

第一个问题：发脾气的目的是什么？

如果你是领导，你想通过发脾气来震慑下属，让他们在工作中长记性，这可以理解。

如果你是为了个人私欲，纯粹发泄，那还是尽量控制一下自己。毕竟，发出的脾气收不回来，它一定会伤到人，进而伤到和同事、领导之间的关系。

再看第二个问题：发脾气之后你会后悔吗？

如果答案是“是”，你会后悔自己出言伤害了同事和领导，你也害怕自己没有勇气承担发脾气之后的糟糕情况，那就别做让自己后悔的事。

最后一个问题：有比发脾气更好的解决办法吗？

工作上遇到问题，要灵活行事，有时可以退让一下。最好的处理方式当然是双方坐下来和和气气地表达自己的想法，最后折中取一个双方都赞同的方案。发脾气往往是最次考虑的方法。

发脾气前先默问自己三个问题

如果你的领导是一个完全不听下属建议的人，他对下属的建议只有反驳和否定，但他提出的建议又不是最佳的解决方案，反而会使事情变得更糟，这时候，发脾气也许是一个让领导听取建议的方法，你要有理有据地指出他的问题所在。这会帮助自己的工作顺利开展。

如果你的领导是一个很愿意接受建议的人，那么通过理性沟通达到目的不是更好吗？发脾气会显得你无理取闹。

写暴躁日记

很多人写感恩日记，是为了感恩生活中的一切。对于容易暴躁的人来说，可以写一下暴躁日记，专门记录每一次发脾气的原因和经过。

这也是一次深刻反省的机会，当你从宏观角度对事件进行分析和梳理时，会发现其中有些脾气发得莫名其妙，让人羞愧难当。为了避免自己再做这种蠢事，你也会有意识地减少暴躁的次数。

写暴躁日记

换个角度考虑问题，体谅他人的感受

容易暴躁的人，一般清楚自己的问题，甚至常常以“真性情”“性子直”来解释自己的暴躁，希望别人接受并理解他。

可是，你发了脾气是痛快了，但这种痛快是建立在别人的痛苦之上的，你有想过被自己发脾气的人的感受吗？

试想，如果你被人吼了、指责了、批评了，你会怎么样呢？肯定会感到委屈、难过、痛苦、愤怒。

即便你知道对方可能不是有意的，可是伤人的话一旦说出口就必会伤到人，就像一块被钉了很多钉子的木板，即使把钉子都拔掉，木板上也会留下一个个洞。

当你学会换位思考，从对方的角度思考问题时，也许你的急切、你的暴躁就不会那么容易表现出来了。

发生职场冲突后如何挽救?

发生冲突在职场是很常见的，这并不可怕，重要的是你如何及时进行处理。

当发生冲突时，先别着急，给彼此一些时间冷静一下，等情绪平缓下来可以理性思考后，再去处理。

不过，十分不建议对冲突进行冷处理的方式，这有可能导致关系进一步恶化。

毕竟对方是办公室里每天抬头不见低头见的同事，为了不给彼此心里留下嫌隙，也为了之后职场沟通更加顺利以及和谐的职场氛围，去找对方聊一聊很有必要。

在聊天的过程中，除了要表达自己真诚致歉的态度外，也要把自己的真实想法表达清楚，同时询问对方的真实想法，这有助于我们弄清楚冲突发生的根本原因，从而达到理解万岁的好结果。

扫码领取

✓教你精准表达 ✓助你高效工作
✓带你步步提升 ✓陪你调节情绪

实操贴士

——怀疑老板在PUA我，怎么办？

职场新人初入职场，很容易因为能力不够、经验不足而被领导打压，严重的时候甚至会上升到人身攻击。

很多人因此陷入自我怀疑，感到十分痛苦、纠结、厌倦，不知道自己究竟怎么做才是对的。

如果这种负面状态已经持续一段时间，也许你该意识到，自己是不是遭遇职场 PUA 了。

很多时候，我们掉入 PUA 的陷阱而不自知，PUA 在职场中太常见了，上级会通过一系列精神控制方法，如言语打击、挑刺儿等行为，逐渐让职场人不知不觉间怀疑自己，觉得痛苦却无法脱身。越是处于这种状态，就越难把工作做好，你会陷入一种恶性循环。

学会辨别一些常见的职场 PUA 的套路，使自己情绪健康，很重要。

警惕这些职场PUA的常用套路

通过否定来实施精神打压

每个人都会犯错，在工作方面或多或少都被上司批评和教育过，这很正常。

正常的批评和教育会直接指出你错在哪里，如何改进，领导是抱着一种希望你成长的心态来指导你。

但领导 PUA 员工不一样，他主要采用精神打压的方式，摧毁你的自信心，让你丧失独立思考的能力，从而任他摆布。

“这么简单的事你都做不好，招你来是干什么的？”

“以你的能力，现在能留在公司也很神奇。”

“你太差了，什么都做不好。”

领导动不动找出各种理由，对你的工作能力进行否定，让你产生自我怀疑。

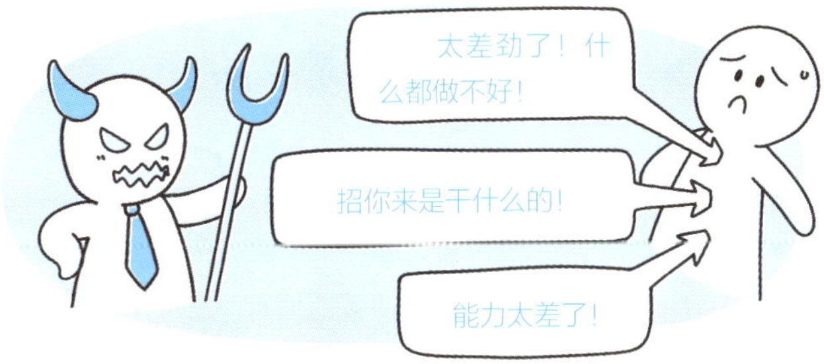

通过否定来实施精神打压

通过画大饼来拿捏你

“在公司好好干，有大把的机会等着你。”

“不要只盯着工资，别看公司现在小，以后发展了，你们就是元老。”

刚刚参加工作的职场新人，没有太多社会经验，一听领导说的这种充满诱惑的话，就很容易掉入职场 PUA 的陷阱，不知不觉间成为他人的廉价甚至免费劳动力。

通过画大饼来拿捏你

远离职场PUA，你可以这样做

客观进行自我评价，了解自己的真实价值

我们要知道，领导和同事对我们的评价，带有很强烈的主

观意识。仅仅通过一两个人的评价来确定自我价值，对我们来说并不公平。

真正的我们，其实并没有这么差。我们不能被领导的话给绕进去，要学会用批判性的思维看待领导的评价，同时也可以通过父母、朋友的反馈，来判断自己的真实价值。

不要轻易否定自己，你需要建立起强大的自信心，这样才能在职场中少受他人主观评价的影响，逐渐摆脱 PUA。

积极解决情绪问题，回复良好状态

陷入职场 PUA 中，你整个人的状态都是负面的、糟糕的。这种时候，我们不能放任自己沉浸在情绪中，被负面情绪所吞噬，如果你长期将情绪闷在心里，久而久之容易出现心理问题。

我们要通过某种方式把这种情绪宣泄出来。你可以通过运动来宣泄情绪；你也可以找朋友倾诉，或咨询有经验的前辈，通过他人的视角帮你更清楚地认识到目前处境的不合理，为你答疑解惑。

实 操 贴 士

——所有的努力都不被领导和同事认可，能选择“摆烂”或“躺平”吗?

碰到这种情况，你一定很委屈很焦虑吧，这也是很多人在职场中碰到的一道坎。

先别着急“摆烂”，如果你所有的努力都不被领导和同事认可，这当中一定出了什么问题。他们不会无缘无故不认可你，其中一定藏着一些被你忽略的原因。

找出不被认可的原因

第一种情况：不被认可是自己的问题

※ 努力了但没结果。

有一种努力，叫虽然努力，但努力错了方向。职场是一个看重结果的地方，如果你很努力但没结果的话，努力同样不会被认可。

一般来说，领导肯定是最关注员工的工作成果。在对结果满意的基础上，才会考虑员工的付出是否很努力。

※ 努力了有结果，但是效率低。

你以为自己加班加点工作，是勤勤恳恳的上进好员工，可在有些领导眼里，这就是效率低的表现，领导同样不会认可你，反而会指出你的问题。

如果你经常要熬夜加班才能完成别人在工作时间就能完成的任务，有可能是你的做事方法有问题。你需要多观察一下别人怎么做，提高自己的工作效率。

※ 努力了有结果但没汇报，领导不知道。

在激烈的职场竞争中，每个人都在努力表现自己，可繁忙的工作，让领导只能把有限的注意力放到更主动表现自己的员工身上。如果你不善于甚至不屑于主动汇报工作，自然就容易被领导忽略。

第二种情况：不被认可是领导和同事的问题

存在一种极少数情况，就是领导明明知道你能力强，但他就是不喜欢你，他就是要压制你，不给你机会升职加薪；或者PUA你，你明明工作能力很强，他却让你以为自己很差，能留下来还要感谢他。这样的领导是出于拿捏你、控制你的卑劣目的。

如果你处于这种工作环境中，你的精神状态会受很大的影响。这时候你赶紧跑吧，离开这个有毒的环境才是上上策。

有时候适当“摆烂”或“躺平”，反而能解决问题

当所有的努力都不被领导和同事认可时，我们会很容易陷入焦虑、紧绷、疲惫的状态，以如此糟糕的状态工作，很难将工作做好。学会适当“摆烂”或“躺平”吧，当我们整个人松弛下来时，往往能在工作上表现得更加从容和稳健，工作成果反而会更加亮眼。

没必要活在别人的评价里

其实，寻求领导和同事的认可，是在以别人的认可决定自我价值。事实上，我们不可能让所有的人都满意，如果你渴求得到每个人的认可，你会进行没完没了的自我证明，变得越发焦虑、紧张。

我们的价值应该由我们自己来决定，只要今天的我比昨天的我有进步，就够了。至于别人的评价，让它随风去吧。

承认自己会犯错，接受自己是个普通人

谁工作不会犯错呢？如果一味追求把工作做得完美，结果却平平无奇，我们就会越努力越疲惫。承认吧，承认“我会犯一些错误”，承认“我做不好”，你就没那么紧张了，人在松弛的状态下工作，反而更容易出成果。

少在自己身上找原因

把工作上得不到认可的原因都归到自己身上，会让你无法客观地看到整件事情的真相，陷入无尽的内耗中。就像上文

所说，你不被认可，也许是领导、同事在故意针对你，你不能把所有的责任都揽到自己身上。

把目光从自己身上抽离出来吧，学会从宏观的角度看问题，你会发现不一样的答案。

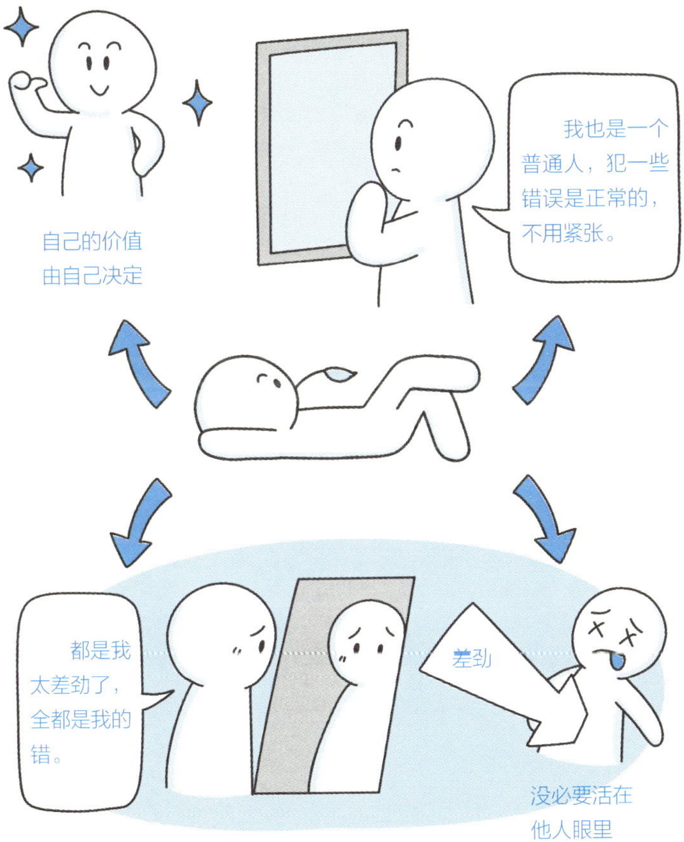

学会适当“摆烂”或“躺平”

第三章 习惯与自律

第一节 学会制作你的待办清单

一天的工作太多了，我都不知道该先做哪一项。

工作习惯还是挺重要的。我每天来公司的第一件事就是写一张待办清单，这对安排工作很有帮助。

真的吗？那我也试试看。

养成工作好习惯，待办清单不能少

工作中，你是不是经常遇到这种情况：明明一整天在办公室忙得团团转，快下班了却发现宝贵的时间都浪费在了那些不太重要的小事上，而真正需要做的正事进度约等于零，只能又拖到明天。

为什么会出现这种情况？这是因为你没有养成良好的工作习惯，不会合理安排工作任务。

如果你想要摆脱这种混乱的工作状态，一个有效的方法就是学会制作待办清单。

工作任务又多又杂，靠脑记忆不靠谱

我们常常对自己的记忆抱着过度的信任。

一开始你信誓旦旦："我知道，5 点提醒你开会，我肯定不会忘的。"后来却很自责懊恼："唉，我后来去忙另一件事，给忙忘了。难怪我总感觉自己忘了点什么，但死活都想不起来。"

正是我们的自以为是，以为记忆力非常可靠，于是懒得将待办工作记录下来，导致很多次因为忘记做某些工作而犯下严重错误。

很多职场新人在犯了一次又一次错误后，才终于意识到"好记性不如烂笔头"的重要性。不管一个人的记忆力有多么好，都会有忘记的时候，如果你能养成把事情写在纸上的习惯，会有很大帮助。

为什么这么说？在把听到的内容转换为文字的过程中，你的大脑在疯狂运转，你在真正思考，因此你会对写下的东西印象更深刻。如果你只是听的话，听着听着就会忘记重要信息。

美国心理学家巴纳特曾做过一个实验：研究做笔记与不做笔记对学习的影响。结果表明：在听课时，动手写笔记的一组同学学习成绩最好，这个实验同时印证了"好记性不如烂笔头"这句老话。

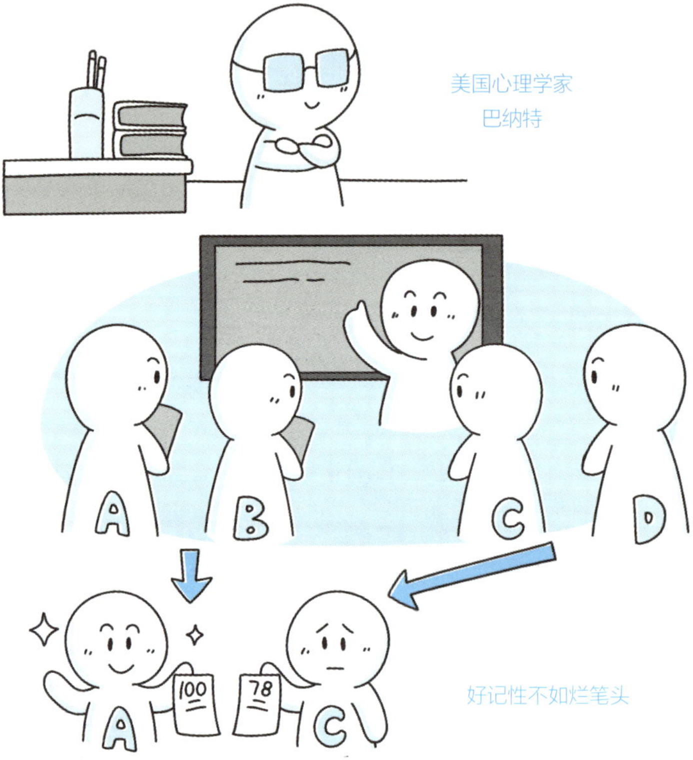

这个道理也同样适用于工作场合，在职场中最糟糕的状态不是“我忘记了”，而是“我以为自己能记住，结果我忘记了”。

制作待办清单就是一个从听转化为文字的过程。无论你是手写在本子上还是记录在任务管理App上，把这一天该做哪些事、先做什么事，每件事情的完成时间都一一罗列后，你就不用总是担心自己会忘记什么，待办清单会帮助你加深对每项工作任务的印象，避免遗漏工作任务。

使用待办清单，让你工作更高效专心

高效工作，一定是注意力高度集中的状态。但很多人的工作都是烦琐、零散的：回复客户电话，处理一份数据，写日报、写邮件……他们的专注力总会被一些其他的小事打断，工作思路也因此被打乱了，若想要再回到刚才的沉浸式状态，就需要再梳理一次工作思路，重新进入工作状态。这时候待办清单就是你的好帮手。

同事有一项不太紧急的工作任务找你帮忙，你可以先把这项工作任务加进待办清单，然后再继续刚才的工作。等工作做到一定阶段后，再翻开待办清单完成同事交代的工作任务。

这样做的原因是，如果我们一直没有去做同事让我们帮忙的工作任务，没有行动的具体计划，这件事就会一直漂浮在脑海里，给自己造成潜在的压力。而把这项工作任务写进待办清单里，就意味着告诉自己："我已经记下这项工作任务了，等我完成当下的工作，就会去做这项工作任务，之后反馈给同事。"这种行为会给我们的心安定感，也让我们能够集中精力去完成当下的工作。

值得注意的是，即便在完全不被他人打扰的情况下，我们也有可能会被自己打扰。你正在写方案，突然想起一项工作任务没有记录，或者突然想起来今天该交房租了。这种时候，请把你脑中的一切想法记录到待办清单上，继续专注你手头上的工作。

尽量不要让一些琐碎的工作，打扰你沉浸式地处理更重要的工作。建议大家可以挑选一个合适的时间去集中处理一些琐碎的工作，比如早晨刚到公司的时候，做一些不需要太费精力的工作，这有助于帮助我们更好地进入工作状态。

制作待办清单的误区

列出待办清单看似容易，但要想把待办清单列得简单、重点突出、易执行就非常不容易了。

如果正确利用待办清单，你的工作内容会变得井井有条，你的工作效率也会提高。但如果缺乏规划，制定了不合理的待办清单，则待办清单反而会变成你的累赘，让你在工作时感到疲劳且焦虑。

误区1：待办清单就是要列出所有的工作任务

首先我们要明白一点：不是所有的待办事项都同等重要。

如果我们把所有任务都看得一样重要，出于人的避难趋易心理，会不自觉地先挑选简单且容易完成的待办事项，而把重要但更复杂、耗时、耗费精力的待办事项搁在最后，这反倒会让我们产生惰性而不自知，在工作上也不会取得较大的进步和突破。

因此，待办清单不应该是记录下所有的待办事项，否则太过冗长，也没有重点。一份长长的未完成清单，反而会给自己额外的心理压力，这样就本末倒置了。

列出待办清单的意义在于“完成”，而不是“累积”，你需要把真正重要的项目列进清单里。

在列任务的时候，你需要考虑任务的重要性，对每项任务都有清晰的重要和紧急程度的判断，你要确保将最紧急、最重要的工作排在前面，并且保证自己有足够的时间和精力完成。

一份有重点的待办清单，会帮你卸载记忆负担，减少心理压力，又能防止忘记。

以下这些待办事项，可以不必放进清单，以便有效梳理重点工作：

- 例行公事：像每日例会、查看邮箱等每日任务，即便不列在清单上你也会完成，那就无须放进清单了。

- 从未完成的任务：对于你一直写在清单上，但从未完成的任务，不如果断放弃吧，否则它只是一个烦心的存在而已。

- 五分钟就能完成的任务：你拿笔将它记录在清单上的时间，说不定就能把它完成了，不如直接行动吧。

误区2：记录待办事项时，笼统地概括即可

有些人在列待办清单时，仅仅列了一个大概的工作内容，具体的工作细节和截止时间都没有。

比如，你的清单上只记录了“完成运营数据统计和分析”，却没有具体说明是什么项目的数据、具体要提取哪一段时间的数据进行统计分析、截止时间是哪天，也没有预估完成任务所需的时间。

如此记录，虽然你知道你需要完成这项工作任务，但具体的工作细节在你工作时仍然需要花精力再去确认。原本是为了节省时间而记录待办事项，现在约等于无效记录。而且，漏掉这些关键信息可能让你记错时间，或者不能有效掌控进度，反而浪费额外的精力去赶工。

一次有效的待办事项记录，至少应该明晰具体的工作内容、截止时间，保证不会漏掉关键信息，从而掌握任务进度。

待办清单		
任务	开始时间	截止时间
完成运营数据统计和分析（7月）	14：00—15：00	18：00
……	……	……

如何制作待办清单？

不同的人，可能适合不同的待办清单方法。在达蒙・扎哈里亚德斯的《高效清单工作法：聪明人的无压时间管理手册》一书中，提到了十种常用的待办事项清单法。这里为大家推荐三种最好用也最有效的方法。

大家可以尝试制作待办清单的每一种方法，并在实践中寻找最适合自己的、最能提高工作效率的那一种。

“任务+开始日期+截止日期”清单

“任务+开始日期+截止日期”的清单格式，优点在于它形式简单。

设置开始日期的目的，是让你将注意力集中在当天正在做或者需要开始去做的任务上，从而忽略掉那些开始日期不在当天的任务。另外，任务的开始日期也在提醒你尽早处理任务，不要错过截止日期。而截止日期是任务不可或缺的关键信息，如果大多数待办事项缺少具体的截止日期，那么这样的待办清单就只是愿望清单罢了。没有时间压力，往往就不会真正开始行动。

职场人在接工作任务时，除了要明确具体的需求外，截止日期也是一个必问问题。明确截止日期的目的在于：第一，预估工作所需时长；第二，判断自己能否在规定时间内完成工作任务；第三，安排什么时间处理这项工作任务。

如果碰到截止日期不太合理，无法按时完成工作的情况，那么双方可以再次协商工作完成时间，直至达成一致意见。

便利贴法

顾名思义，这个方法主要使用便利贴，你可以把待办任务写在便利贴上，最好一项任务使用一张便利贴。

现在摆在你面前的是三列空白栏：左边是“待办”栏，中间是“进行中”栏，右边是“已完成”栏。

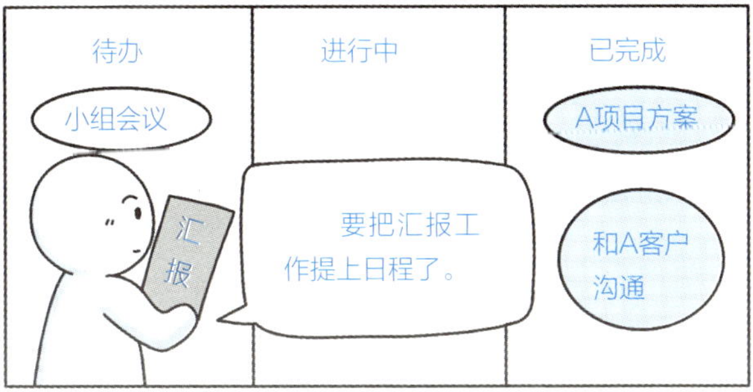

便利贴法

这种方法很简单：面对一项待办任务的便利贴，你先把它贴在左边的“待办”栏；当你正在进行这项任务时，就把便利贴移动到“进行中”栏；等任务完成后，再把它移动到右边的“已完成”栏。是不是很简单？

便利贴法是一种更直观的任务管理方法，通过移动便利贴的过程，你可以直观地看到处在各阶段的项目和任务，清晰地跟踪单项任务的进度。

便利贴法还有一个好处就是，你能够利用便利贴的不同颜色去区分任务的优先级，比如红色代表最紧急，蓝色代表次紧急，黄色代表不急。

但便利贴法有一个很明显的缺点就是，很容易丢失小任务，它更适合制作少任务的待办清单。假如你的待办清单里的待办事项超过 50 个，它们全都被无规律地放在“待办”栏中，那么你可能会忽略其中一些重要的任务。

便利贴法缺点——容易丢失小任务

四象限法

使用这种方法的职场人也很多，四象限法就是按照任务的轻重缓急，把其分配到不同的象限。

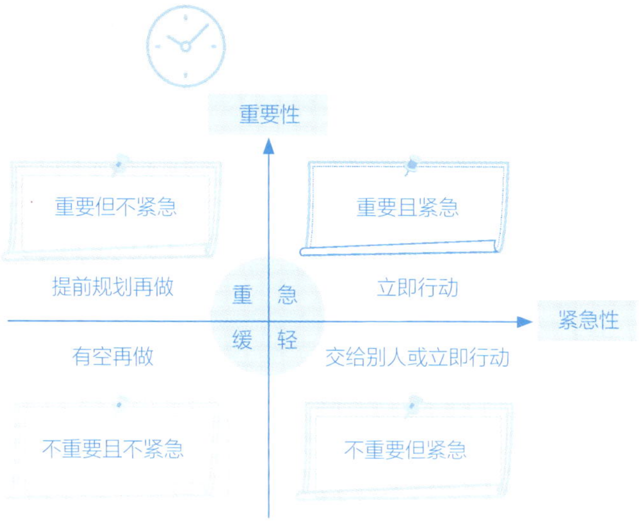

四象限法

矩阵由四个象限组成：

第一象限：重要且紧急，需要我们立即行动。

第二象限：重要但不紧急，需要我们提前做规划，在不久的将来完成。

第三象限：不重要但紧急，需要我们立即行动，或者交给别人去做。

第四象限：不重要且不紧急，有空再做。

其中，第一、第二象限里的任务就是你的重点关注对象，你需要把它们优先完成。

这种方法可以简便地查看哪些待办事项值得关注，而哪些是可以忽略的。四象限法使大家养成一种观念，就是面对任何待办事项，都必须做出一个快速而准确的判断：这项任务对我而言是重要的吗？是紧急的吗？

比如，今天下午 5 点要上交设计初稿，这一定是放在第一象限；完成本周的工作复盘，这很重要但并不紧急，可以放在第二象限；临时通知需要你参加的会议、客户突然的咨询电话，这些事项时间都很紧急，但对你来说并不重要，可以放在第三象限；写邮件、和同事闲聊等，属于既不紧急也不重要的事项，可以放在第四象限。

此外，我们每天都要时不时地查看一下这份工作清单，按照 1234 的顺序检视任务，看是否有一些任务的紧急性发生了改变。当你有空闲时间时，就要去完成那些重要但不紧急的任务，避免因为拖延，最后反而把重要但不紧急的任务变成重要且紧急的任务。

第二节 学会具化每项任务的可行性

领导刚布置的这项任务感觉好难，我真的能做好吗？好担心……

别担心，这项任务看着挺难的，但实际上凭你的能力完成它绰绰有余。

真的吗？你怎么看出来的？

拆解这项任务，然后具化它的可行性，就会发现不难啦。

工作的畏难心理，让你看不到任务的可行性

工作中，我们总会碰到各种各样的难题，然后产生退缩逃避心理，觉得自己不会做、做不好。

事实上，有些任务看似困难，其实是“纸老虎”，只要你剖开它的表面，深层分析具体的解决脉络，具化任务的可行性，你就会发现问题迎刃而解了。

面对工作，你有畏难心理吗？

畏难心理，简单说就是害怕困难，具体表现为遇到困难时采取退缩、躲避、迂回的态度，不采取积极主动的行为解决问题，缺乏面对困难的勇气，没有解决困难的信心，甚至无意识夸大困难。

这种畏难心理每个人都有，只不过程度不同，反映在行为上就是大家常说的拖延症。有一句话说得很对：“凡是你所拖延的，都是你内心深处不喜欢做的。”拖延症其实就是大脑躲避痛苦的反应。

很多时候，一项工作并没有那么难，实际执行下来完全在我们的能力范围之内，但畏难心理让我们把任务的难度主观放大放大再放大，阻碍了我们执行的脚步。我们越有畏难情绪，就越觉得这项任务很难执行，也就越怀疑自己的能力，于是我们一直拖着不去做，直到最后非做不可的时候才行动。

如果面对困难任务，你总是传递出逃避、抗拒的态度，着急否定任务的可行性，不愿意去解决问题，不仅会把自己搞得异常累，工作能力得不到大的提升，还会给人留下思想懒惰的印象，并且很难成为同事和领导眼中靠谱的人。

在职场中解决不了问题的人，很可能就会成为问题本身。职场更愿意提供机会给那些积极接受任务、立即寻找解决方案的勇敢的员工。

拒绝“我认为自己做不到”，挑战 “我可以做到”

很多时候我们口中的“做不到”，是“我认为自己做不到”。

这种暗示的影响到底有多大？如果你内心认为自己做不到某件事，你的身体就会听从内心的声音，做事时会动力不足、消极应对，还会排斥尝试，甚至放弃尝试，直至你真的做不到。

事实上，很多时候一些我们认为自己做不到的事，等你真的做了之后才发现并不难。

比如说你性格内向，很害怕和人打电话，一直以来你都逃避和客户打电话沟通，但今天因为一项工作事务你不得不主动致电客户，当打完电话时，你才发现其实打电话也没那么难。

其实，很多任务是完全可行的，凭你的能力完全可以做到，你只是不够自信，所以急于否定。

困难就像弹簧，你弱它就强，做事之前不要有过多的负面暗示，否则你的“我认为自己做不到”的思维就会禁锢你的行为，让你举步维艰。这时候，你要做的就是勇敢地打破自己思维的墙。如何打破呢？

先来看看我们通常是如何完成一件事情的。一般分三步走：①坚信这件事一定能做成；②想一个好办法；③努力去做。

按照这种方式，首先要相信自己能做到，给自己积极的心理暗示，给自己继续行动的信心；其次不要只看事情的表面就妄下定论，觉得它太难，觉得自己不行，要学会看到任务的本质，一项大任务其实是由无数项小任务构成的，我们要在分析中不断具化执行的可行性。

当你把能想到的解决方案，以及每种方案的应对策略都想好了，做到心中有数时，你就不会那么抗拒了，而是会将注意力全部集中在工作上，全力应对挑战。

具化每项任务的可行性，从明确需求开始

美国通用汽车公司管理顾问查尔斯·吉德林提出：把难题清清楚楚地写出来，便已经解决了一半。只有先认清问题，才能很好地解决问题。

因此，千万不要没弄明白问题就直接行动，否则你会越做越晕头转向。

你觉得任务难，也许是因为你没弄清楚问题

有的人觉得任务难，那是因为他只看到任务本身的复杂性，而没有去关注任务的核心目的是什么。当你明确了一项任务的核心目的时，其实你已经有了明晰的方向，有一种拨开云雾见青天的感觉。

领导让你写一个公司参加某个线下集市的活动策划，强调策划的核心目的是给公众号增粉，其次是宣传公司和售卖产品。

如果你是第一次做活动策划的新人，可能会很迷茫，因为你不知道活动策划的形式是什么。

其实很简单，你可以向领导要之前的活动策划模板，或上网搜索，很容易就可以得到答案。

这项任务最重要的就是策划内容，领导要看的就是你的策划创意。如何能有效达到目的？他在下达需求的时候已经给你指出了清晰的方向——围绕着给公众号增粉的目的，整个方案的重点就是在活动中如何让观众扫码关注公众号。

如何达到这个目的？

可以有多种方案。比如设置一个现场互动小游戏，让观众扫码关注公众号即可进行福利抽奖一次；比如在现场布置的展示板上，将公众号二维码适当放大，并摆在现场最显眼的位置，吸引人们的眼球。

上面这个案例，领导已经帮你明确了任务的真实目的，指明了方向。

很多时候，领导的需求并没有如此清晰，你需要自己带着问题主动发问，向领导确认这个需求背后的真实目的是什么，避免出现不懂装懂的情况，这不是聪明，而是聪明反被聪明误。

判断任务可行性，第一步先看截止时间

任务的截止时间是判断一项任务是否可行的重要指标。截止时间决定了我们能否在规定的时间内完成任务以及完成的质量。

根据过往的经验，我们可以知道完成一项熟悉的任务需要多长时间。

因此，在面对一项新任务时，如果截止时间在你的预期之内，那么这项任务完全可行，充足的时间可以保证我们按时保质保量地上交工作成果。

如果截止时间过于紧急，工作时间被严重压缩，那么这项任务的可行性就降低了，你可以尝试去和对方说明情况，协调沟通，延长截止时间；若无法延期，那么你就要说明这个时间段内能完成的工作质量会到什么程度，避免最后上交工作成果时对方不满意而扯皮的情况。

但当面对一些我们从未做过的任务时，我们可能对完成任务所需时间不太有把握，这种时候我们该如何把控时间呢？

最好的做法是尽量给自己多预留一些时间。一方面是因为你不知道在处理陌生任务的时候，会碰到多少无法预料的事情；另一方面是因为我们一般会低估完成一项任务所需要花费的

时间。

在制订计划时，我们往往假设自己是高度集中、完全不走神的状态。

但实际上，根本不可能。这只是一种理想的状态，人集中注意力的时间是有限的，中间肯定会出现走神、疲累、大脑不转了的情况，更何况，这中间还可能不断有其他工作插进来。

而且，除了工作之外，我们还需要休息，否则精力耗尽会导致我们的工作效率非常低下，但是，通常我们在制订工作计划时，会列上一大堆要做的工作，却唯独不会把休息作为工作计划的一部分。

一定要把控好时间，不要高估自己的能力，要给自己一个充足且合理的工作时长，不要为了迎合领导而勉强自己。

因此，把控时间的办法就是，规定符合自己能力的任务，并且给自己预留出休息及被打断的时间。

这样做，有效具化任务的可行性

针对一些比较小的任务，我们在大脑中思考片刻，便可判断任务是否可行。

但面对一些复杂的任务，比如一个新开的大项目能否盈利，我们是没有办法拍拍脑袋就直接得出结果的。这时候就需要进行一次详尽的关于任务的可行性分析。

我们知道，复杂的问题一般是由多个细小的问题组成的，具化任务可行性的过程，其实就是把复杂的问题不断地进行拆解，直到找到原问题的过程。

用一个案例来具体说明怎样做可以有效具化任务的可行性，让你不再害怕困难任务的挑战。

工作任务：现在月初，自媒体账号有 1 万粉丝，领导要求月底粉丝必须涨到 2 万，即净增 1 万粉丝。一个月涨 1 万粉丝，感觉是一项不简单的任务。

接下来你可以通过以下步骤来具化上述这项任务的可行性。

预判完成任务有几种途径

增加粉丝有多种途径，如果是单一渠道增粉，可能增长没那么快，你需要考虑多渠道同时发力来完成增粉任务。

通过日常的视频内容增粉

内容要有趣、创新，贴合粉丝的喜好；发布一些与热点相关主题的视频，利用热点本身的热度吸引粉丝，达到增粉的目的。

发起福利活动来增粉

比如每周发布一次粉丝福利，设置一些关注账号可抽奖的机制，等等。

和博主合作互推

借助对方的名气达到宣传自己的目的。

借助其他推广手段

比如购买信息流广告、增加账号内容的曝光率等。

预判每种途径会有什么结果

这个结果可根据之前的经验来进行预判。

假设在上一次的增粉计划中，一个月内 4 种途径的增粉比例如下：

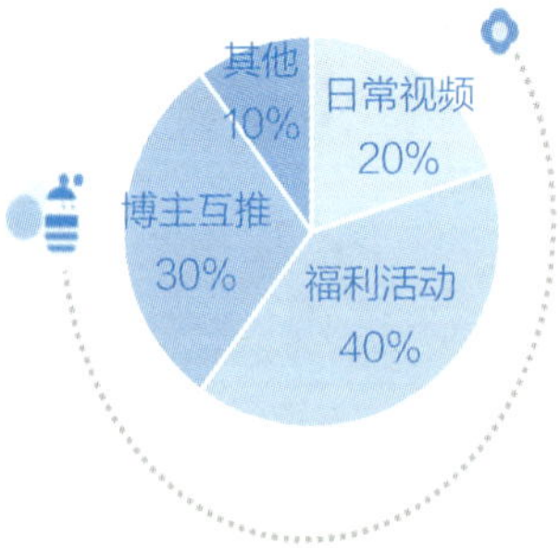

这次你便可以合理调整每种途径的投入比例，提高增粉效果。比如福利活动和博主互推的增粉效果很好，那就可以适当加大福利力度或提高福利活动频次，增加与博主合作的频次，适当减少信息流广告的购买等。

判断意外结果一旦出现如何应对

若增粉效果好，那就顺利完成任务。若增粉效果并不好，或者是有第五种增粉途径，你该如何应对？那就需要调整投入比例。

假如目前和博主合作互推的方式增粉最多，那就多做几次博主互推，在计划的时候多准备几个博主合作人选。

判断应对意外后的损失和收益是否成正比

通过广告投放的金额和最终增粉的数量，可以计算出单个粉丝的价格。比如：单个粉丝价格＝和博主合作的费用 ÷ 互推增粉量。

理想状态肯定是粉丝单价越低越好，这说明这个方法性价比很高。

最终判断任务可行性高不高

完成整个分析之后，你便对整项任务的可行性有了一个大致的判断。

若最终得出的结果是可行性高，那就向领导展示你分析问题的能力；若最终得出的结果是可行性低，你可以说明可行性低的原因，然后向领导寻求建议，看任务能否有新的转机。

读完这节内容，你学会如何具化工作任务的可行性了吗？这是每个职场人都必备的技能。

在我们学会具化一项任务的可行性，把一项看似困难的任务抽丝剥茧，把解决它可能采用的方法以及可能的结果全都假设一遍后，这项任务在我们眼中就不再困难重重，而是清晰可见，即便其中仍有许多难点，我们也已经有了一些解决的思路和方向，自然不再对它产生畏难心理了。

当一切尽在掌握之中时，你就会更有信心、更勇敢地直面挑战。

第三节 主动打破职场信息差

我刚刚才知道客户不做了，你怎么不告诉我啊？我东西都做完了。

啊！我没告诉你吗？对不起，估计是太忙了给忘了。

行吧。信息不同步就是容易出现这种情况，主要是活白干了，唉。

不好意思，我下次一定第一时间通知你。

与同事信息同步，是职场必备技能

在职场上，很多工作都需要沟通。如果沟通不到位，可能你做了 8 分的工作，最后只得到 4 分；但如果沟通有效，7 分的工作可以变成 10 分。

而有效的工作沟通，其中就包含了非常重要的信息同步，你要及时地、高效地把项目信息同步给所有相关同事。

及时进行信息同步，成为别人眼中的靠谱同事

在工作的时候，保持与同事之间的及时沟通、信息同步非常重要。但很多人意识不到信息同步的重要性，给工作的正常开展造成很大的阻碍。

有时候，同事们的工作是环环相扣、相互配合的，下一个同事的工作需要在上一个同事工作的基础之上才能开展。

假设你是一个设计师，只有对接的同事和客户完全确认好设计需求后，把消息同步给你，你这边才会开始工作，防止在需求不清楚的情况下开工而浪费时间返工。

有时候，同事确认好需求后没有及时通知你，你主动追问他，他才想起来告诉你。可这时已经快下班了，海报明天就要交，你不得不加班赶工。

加班赶工

被同事坑的情况，在职场很常见。有时候是我们坑同事，有时候是同事坑我们，这都是因为信息同步不及时惹的祸。

在执行项目的过程中，凡是需要协作的工作，都应该及时地、高效地告知相关人员。

你不仅要在工作做完后告诉别人，在做之前，也要告诉别人自己这部分工作大概需要花费的时间；在做的过程中，也要经常地、积极主动地同步自己的工作进度和遇到的问题，告知对方自己能否在约定的时间内完成工作内容。这样不仅不会浪费大家宝贵的工作时间，你也会在团队中获得“靠谱、给力”等高满意度的评价。

信息不同步，很容易无效工作

有什么事情比天天加班更痛苦？那肯定是天天无效加班，每天做的工作都是白忙活。

试想一下，如果你是一个设计师，刚刚紧急地赶完一张节日海报交给对接客户的同事，她却说：“客户说这个海报不用做了。”

同事没有及时将工作信息同步给你，导致你无效工作，你心里委屈、生气，自己辛辛苦苦做出来的东西成了废纸，为这张海报投入的时间和精力也付诸东流。

当代职场，讲究的是团队合作，各个职员各司其职的同时又互相配合，一环扣一环地共同推进工作。因此，保持高频的信息同步是非常必要的。我们一定要和领导与同事及时沟通，保证自己的工作在正确的方向和轨道上进行，避免无效工作。

为了避免这种情况再次发生，在工作的过程中，你可以这样与同事沟通：“我这边开始做产品详情页了，和你确认下时间，还是之前约定的 × 点提交啊？”这样既能同步当下的工作进程，让对方把控情况，也达到了再次确认需求的目的。

职场上，这些信息都需要同步

对于职场人来说，拥有及时沟通、及时同步信息的意识很重要。

特别是面对一些重要的、紧急的项目信息更新时，我们要尽量减少因为信息传递不及时导致信息不对称的情况出现，从而避免工作进展受到影响。

项目进度

一般在每个项目正式执行之前，会有一个预估的时间执行表，什么时间点完成什么工作一目了然，做到每一个工作事项都可衡量。及时同步项目进度可以帮助团队根据当下的进度及时调整工作计划，如期完成项目。

比如，这次线下活动是月底上线，现在正值月中，但进度只完成了三分之一。领导了解到目前的进度后，肯定要采取措施全力推进项目，先了解是哪个环节拉慢了进度，是不是出了什么问题，再采取相应措施，如让大家辛苦加几天班或临时请其他同事来帮忙；同事们知晓当前进度严重延期后，也会明白问题的严重性，会全力配合工作，推进项目，避免出现活动无法如期上线的情况。

项目进度

需求变更

工作中出现需求变更很常见，但需求变更一定要第一时间通知到相关人员，避免出现无效工作、浪费时间的情况。这不仅是对同事负责任的行为，也是把控整个项目进度、对整个项目负责任的行为。

需求变更

项目风险

在工作中遇到的问题很多，比如项目延期、需求变更、人员变动等。遇见风险不可怕，可怕的是风险不可控。

有些人遇到项目出现问题时，第一反应就是害怕、隐瞒并且拖延，因为他们害怕会被追责、会被同事和领导认为自己工作能力不强。他们往往会拖到不能再拖了才汇报情况，或等到问题已经无法掩盖而自动暴露。这是一种自私的、不负责任的表现。

这种处理方法是完全错误的。面对已经出现的不可逆的项目风险，一定要及时通知各方人员，越早让信息公开，挽救的可能性便越大。

如果项目中存在潜在风险，也要主动告知项目相关人员，在告知的同时最好提出相应的解决方案。未雨绸缪能给大家留出解决问题的时间，从而找到变通的办法。反之，等到出了问题才去汇报，就会让你和领导都陷入被动，加大问题处理的难度。

项目风险

项目阶段性结论

在项目进程中，大家也可以通过开例会的方式达成信息同步。相关人员汇报各自的进度，沟通哪些问题需要解决，并明确下一步的工作执行计划。这种例会非常重要，必须如实做会议记录，并抄送给所有人，让所有人知悉。

项目阶段性结论

如何与同事保持信息同步？

与同事保持信息同步的方式多种多样，工作中使用频率最高的就是即时通信工具，比如微信、钉钉，邮件这种正式的沟通方式也很常用，还有就是通过周例会、月例会等方式同步。

只要你能及时将信息同步给同事，而同事也能顺利接收到你的信息，则是一次成功的工作沟通。

如何选择信息同步的方式？

针对简单且紧急的信息

肯定是选择最快的沟通方式，当面口头沟通或电话沟通最佳。这样沟通的好处是，你能确保对方及时回复你，且他有任何疑问可随时提出。但这种情况需要你提前组织好语言直接说重点，否则啰啰唆唆很浪费沟通时间。

如果你选择以微信或邮件的方式沟通，可能会存在延迟回复、回复不及时的情况。这时候，如果对方 5 分钟之内没有回复，你就可以电话提醒对方，以达到紧急事件快速沟通的目的。

针对较复杂的工作情况

如果这项工作比较复杂，几句话讲不清楚，需要你梳理出它的前因后果，那么这种情况就比较适合通过微信或邮件进行汇报。

你可以在整理文字的过程中梳理逻辑，将事情以一种更加简洁易懂的书面方式表达出来，同时你也能对整个事情进行复盘、查漏补缺。

一些常规的通知，可以在微信群里进行，@所有的相关人员（包括领导和同事），确保通知到位。“@A、@B、@C，因为客户那边需求有所更改，原定今天发布的推文改到周五发布，现在请优先处理××选题的推文，客户希望今天下班前收到这篇选题的框架。收到请回复。”

为了避免有些同事看到消息后不回复，你无法确认对方是否收到消息的情况，可以在消息最后加上“收到请回复”，保证对方一个“收到”的反馈。

邮件在进行信息同步时，会更加正规一些。你在邮件里条理清晰地说明工作情况后，也要注意一定要通知到与项目相关的所有人，不只是通知主要收件人，更要保证抄送给其他相关人员，老板、上司、项目里的其他同事、供应商等，不遗漏任何一位。

针对系统性的工作信息

这时候就要选择会议的方式了，如周会、月会、项目会议等，在会议上，同事们可以彼此交换信息。

但鉴于会议的频次并不高，很多信息没有办法及时地传达到位，也考虑到很多时候大家都太忙，无法将所有人都聚齐，因此，职场里的信息同步还是优先选择微信或邮件即时沟通。

如何做到有效同步信息？

掌握有效同步信息的技巧

学会主动询问

为了能使信息传达得及时有效，最好的办法还是提高自己获取信息的主动性。

我们不能总是被动等待别人来通知你。你最好积极主动询问同事：“客户的反馈下来了吗？我可以开始做了吗？”等等。这样，你那颗悬着的心才终于可以落下，而且你也可以了解工作的进度，主动把控自己的工作节奏。

灵活运用表达技巧

传递信息很容易做到，但有效传递信息却需要技巧。如果你的信息传递出去之后，对方无法很快地接收、理解，那么这就是一次失败的信息传递。

你可以尝试在表达时先说结论，把重点放在前面，这样听的人可以迅速理解你传递的重点是什么。之后逐步阐述得出这个结论的原因。

另外，在表达的时候应将大量信息高度概括，言简意赅地传递有用信息。比如，“给我一分钟的时间，我把这个问题和你汇报一下”。

掌握有效同步信息的技巧

不同部门之间从细节上有效进行信息同步

同一部门的信息同步，一般都是采取从上到下的形式，由上级向下级进行信息传递；但不同部门之间更适合平行沟通的方式，以互通有无、争取配合为主要目的。注意以下这三点，可以有效提高不同部门之间平行沟通的效率，从细节上有效进行信息同步。

公司的所有文件进行系统化管理

文件的系统化管理是为了方便共享给相关部门。公司可根据需求选择数字化管理平台，如企业网盘或 ERP 企业资源计划系统或一些知识管理平台等，方便内部员工查看所有企业内部文档。注意，公司文件最好不要设置查询壁垒，除非是涉及商业机密如单价等内容。

定时召开不同部门之间的联合会议

召开联合会议的目的是共享信息，并集思广益解决相关疑问。每次会议都要设定相应主题，只有主题明确，时刻围绕主题开展，才能让会议高效实用。

及时沟通

遇到一些我们无法确定或有疑虑的工作事宜，不要想当然地按自己的想法去解决问题，同事之间要及时进行电话或邮件沟通，通过确认一些关键信息，可避免工作失误的发生。

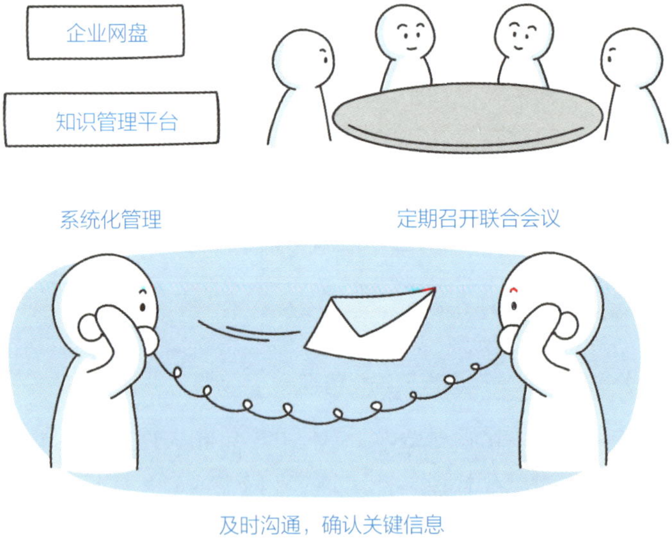

不同部门之间从细节上有效进行信息同步

第四节 6步复盘法，远超其他职场人

感觉你进步好快，这次的表格做得非常完美，你是有什么好方法吗？

这归功于我现在养成了工作完成后复盘的习惯。

原来是因为复了盘啊。

是的，一复盘我就看到自己究竟哪里犯了错误，就知道下回该如何改进了。

复盘是向自己学习的一种方式

我们羡慕别人在工作中飞速成长，却始终不知道自己为什么仍在原地踏步。

你能力不错，也足够努力，你和他们相比并不差，只是唯独缺了一个好的工作习惯，那就是在工作完成后进行复盘。

不懂复盘，再努力都是在原地踏步

很多职场人认为，他们只要把手头上的工作任务完成，把技能掌握了，能力就自然而然提高了。

其实并不是，实践的积累不会必然带来能力的提升。

如果你只是一直重复性地做一些事情而不动脑思考，则只会使你在早期达到一个可接受的水平，然后就到了一个瓶颈，即使练习时间再长，也只能在原地踏步。如果你想有效地进行自我提升，就需要学会在工作完成后进行复盘。

工作复盘，就是对已经完成的工作任务进行分析，分析工作成功或失败的原因，得出最终解决问题、为未来的工作指引方向的方法。

从本质上来说，复盘就是一种带着学习意识的行为，是让你从自身经验中进行学习。复盘能够帮助你对已完成的工作，以第三者的视角重新审视它，去分析当时工作时采用的方式方法、态度等是否得当。复盘能够帮你站在一个不同的角度看待自己的工作完成情况。

很多职场人在工作完成之后没有复盘的意识，这是因为他们缺乏自我学习意识，缺乏成长思维，这样其实非常不利于个人的发展。

这也是为什么有的人明明做了很多工作，但并没有太多收获。只有那些你复盘过的工作经历，你才会对它们印象特别深刻，才可能转化为对你有用的经验。

复盘可以让你积累经验，每一项工作任务的完成都是一次自我成长的过程。

培养复盘的工作习惯，在复盘中自我成长

说到定期复盘，很多人都是抗拒的。有些人纯粹是因为懒，觉得复盘很麻烦、很浪费时间；有些人则觉得，每到总结的时候大脑就一片空白，面对自己每天做的重复性的工作，不知道究竟有什么可复盘的，干脆就放弃了。

当我们抗拒复盘时，已经把复盘当作一项任务在做了。我们不能为了复盘而复盘，这是在为自己增添负担。我们要转变一下思维，将复盘作为一个成长的契机，帮助我们把工作梳理得更顺畅，也帮助我们遇见更好的自我。面对日趋复杂、竞争激烈的环境，复盘绝对是一个可以提升个人能力的职场利器。

无论是成功还是失败，任何有目标和计划、值得从中学习的工作任务，你都可以开展复盘。

复盘，能让我们工作中的每一次成功与失败都有意义。

失败虽然让人痛苦、沮丧，但如果我们能抱着“从哪里跌倒就从哪里爬起来”的心态直面失败，利用复盘让自己认清究竟错在什么地方、下一次应该如何改正，这样失败就可以转变成经验，成为下一次成功的推力。

而成功的工作经验也有很多值得学习的地方。成功不仅能带给自己成就和喜悦，我们还能从中总结一些成功的规律，了解哪些方法很有用，这样在下一次做相同或相似工作的时候便可以直接套用经验。但是，如果根本不知道这次工作为什么会成功，那么这种成功便是不可复制的，也是没有意义的。

如果想让自己更快成长，就一定要养成坚持复盘的好习惯。当你在工作中养成了复盘的习惯时，就能避免在职场中犯同样的错误，提升工作效率，取得更好的工作成果。

避开这些复盘误区

再好的方法，如果使用方法有误，也不能发挥它最大的作用。

下面给大家罗列了职场人在使用复盘方法时的一些常见误区，希望大家能够避开误区，让复盘为你的工作成长发挥最大价值。

误区1：复盘等于总结

“把过去已经完成的工作任务回顾一下，反思一下失误，再总结一下经验。”你以为的复盘是这样吗？

如果你的答案是肯定的，那么你错了，很多时候，我们误把总结当成复盘了。复盘和总结看似一样，其实有很大差别。

总结的关键是对已经完成的工作任务进行梳理和总结，而复盘其实是一种跨越三种时间维度的行为。它跨越了过去、现在、

将来，除了梳理（过去）和总结（当下），复盘更重要的是对未来的工作进行指导，将总结的经验应用到之后的工作中。

对复盘正确的理解应该是："回顾已完成的工作，反思失误，总结经验，并思考未来应该如何做。"

误区2：复盘是"走过场"，不用关注细节

做复盘时，不怕你太过细致，就怕像"走过场"一样，只是表面上简简单单地把所有做过的事情过一下，实际什么也没复盘到。

真正深入的复盘，是对整个项目进行全方位的回顾，特别是一些关键细节，绝对不能忽略，这些细节可能就是决定项目成功或失败的关键。

一次深入的复盘，是需要花时间、花精力来准备的，绝不是草草几分钟就可了事。

误区3：只有复杂项目才值得复盘，小事不用复盘

工作任务无大小，而复盘也不分任务大小。

大事当然很值得复盘，它足够复杂，能呈现更多的问题，能够从中总结的经验和学习的东西也更多。但大事也是由一件件小事累积起来的，因此复盘小事也足够重要。

而复盘小事的好处在于，因为它小、不用牵扯太多的因素，

所以你可以及时复盘、及时学习，无须像复盘大事那样准备非常多的资料、花费太多的时间。

凡是你所经历的工作任务，小到成功地让同事答应帮你的忙，大到公司几百亿元项目的签约，你都可以进行复盘，从中学习到不同的经验。

误区4：复盘的目的是追责，不是学习

很多公司都有在项目结束后，开展一次工作复盘会的习惯，目的是让团队成员一起回头看看，总结经验和教训，但在复盘会上往往会出现这样一些问题：在盘点项目中遇到问题时，领导开始追究问题责任人，批评他人没有做好工作，而不是在自己身上找问题；有些同事不愿意承认是自己工作失误而导致问题出现，会出现甩锅情况，“不只是我的问题，其他同事×××也有问题。”

于是会议现场气氛逐渐僵化，演变成一次批斗会，让复盘会根本无法顺利进行下去。这不是一个复盘会该有的气氛，复盘会不应该是批斗会。

复盘会应该是一种客观、平等、开放的氛围，主要的目的就是学习，坚持“对事不对人”，所有人都要从一个客观的角度来看待遇到的问题，做到整个过程不批评、不表扬，客观陈述事实。

误区5：复盘时快速下结论

这也是很多职场人在复盘时常犯的错误。

在分析一些失误产生的原因时，不够谨慎，而是匆忙下结论，这就很容易导致结论错误。

也许你只看到问题的表象或症状，没有找到真正的问题；也许你只发现了表面的原因，没有抓住真正的深层次原因；也许你只总结出了一次偶然性的因果关系，却误以为发现了规律。

这样进行工作复盘，科学又有效

下面教大家一个比较系统的工作复盘流程，如果你能对这套方法融会贯通，相信一定会对你的个人提升和职业发展大有裨益。

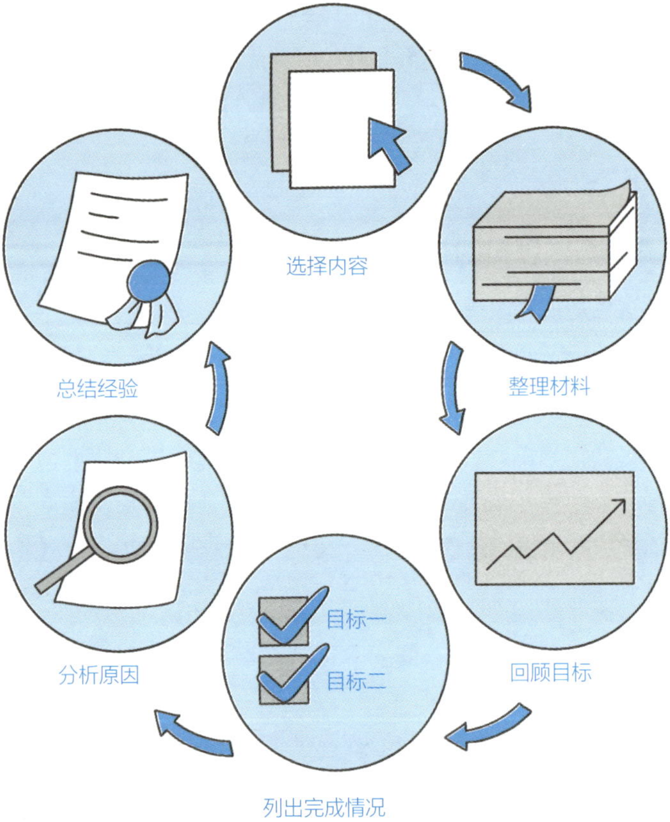

第一步：选择复盘内容

复盘内容是由复盘目的决定的。如果你想做今日回顾，那么复盘的内容就是你一整天的工作；如果你想做项目回顾，那么复盘的内容就是整个项目。

复盘的内容并非要自己深度参与，复盘同事的工作，从中学习经验也是可以的，前提是你能够和同事有足够的沟通、能了解到足够的信息。

第二步：整理材料

在工作复盘之前，你需要把相关的工作资料，比如执行方案、时间表、各种物料、结案报告、会议记录等全都整理出来，方便正式复盘时查阅、分析。

第三步：回顾当初的目标

这里开始正式复盘。你要回顾当初设定的工作目标及预期达到的效果。比如你复盘本月的自媒体运营情况，回顾月初定下的目标是本月粉丝需达到 2 万，总阅读量达到 50 万 +。

这里要注意，在回顾目标的时候你可能也会发现问题，像“完成增粉计划” 这种比较笼统的目标，就让人很难精确评价实际结果，也很难充分复盘。一旦最初目标设定出现问题，就会牵一发而动全身，影响到之后整个工作的开展，出现这样或那样的问题。

复盘一定是针对明确且可衡量的目标进行的，很多人的目标定得模糊，工作开始得匆忙，这样的复盘不仅难度很高，而且很难达成共识，失去有效学习的价值。

第四步：列出目标的完成情况

接下来就是评估结果。把完成的结果和当初定下的目标进行比对，看看是未完成任务、完成任务还是超额完成任务。

举例：

回顾目标：本月粉丝需达到 2 万，总阅读量达到 50 万 +。

实际结果：本月底粉丝达到 1.5 万，总阅读量达到 60 万 +。

通过对比，我们可以看到：粉丝数未达到要求，但总阅读量超额完成。接下来，我们就要针对这个对比结果，去看看究竟是哪些工作做得不到位需要改进，哪些工作做得非常好，值得总结成功经验并加以学习。

第五步：回顾过程、分析原因

在回顾时要做到客观，不掺杂任何感情色彩，而且要尽可能认真地把整个过程都捋一遍，总结项目中的亮点与不足，分析导致项目成功或失败的关键要素。

举例：

哪些工作完成得很成功，推动了目标的实现？

比如这篇文章因为借势热点事件，所以阅读量爆了，助力了总阅读量的达成。

出现哪些问题，阻碍了目标的实现？

只是借助内容本身来增粉，应该还要考虑到用其他方法来增粉，比如借助广告、借助互动活动等。

有哪些问题是原本可以避免的？

内文出现错别字，这是不应该犯的错误。

关于分析原因，有一个诀窍：成功的多找外部原因，也就是多往外看，比如自媒体行业是热潮；失败的多找内部原因，也就是多往内看，在自己身上找问题，避免把过错都推给别人。

在分析的时候，要注意不同类型的问题产生的次数和其影响的程度，重点关注那些出现次数多、影响大的问题，对其进行总结和解决，个例问题可能不太有代表性。

第六步：总结经验和规律

完成分析之后，就进入最终的总结经验和规律环节，这是整个复盘的思考成果。

比如面对客户因为你没有文字证据，拒绝承认自己确认过物料，双方扯皮，发生严重冲突的情况，你总结了经验：以后任何物料的确认，都必须有客户的书面确认，微信和邮件均可。即使时间紧急客户在电话里口头确认，也必须要求客户之后再在微信或邮件中补上文字确认。

最后，你可以将复盘中得到的经验和结论，以文本的形式记录下来，不仅方便以后查阅，也会给自己留下深刻印象，若是团队项目，你也能同步把这份记录发送给团队的全体成员，让相关人员应知尽知。

实操贴士

——当电子邮件积压如山时，应该怎么回复？

工作中有很多烦琐的事情需要一一处理，电子邮件就是其中之一。我们每天都需要处理、回复大量的工作邮件，一旦数量太多，就需花费大量的工作时间。

如何高效快速地处理工作邮件？这是一个职场人士需要掌握的工作技巧。

集中某段时间回复

如果每来一封新的邮件，你都要放下正在做的工作立即回复，就会严重分散你的注意力，导致工作无法集中，效率低下。

如果你不想被邮件打扰工作，可选择集中某段时间来处理邮件。对于一些优先级低的邮件，可集中在某一特定时间处理，但是最好不要超过 24 小时。

集中回复邮件的时间最长不应超过 30 分钟，这被证实是最有效率的。

你可以根据自己的工作习惯，选择最适合自己的回复邮件的时间，如早上刚到公司时、午休前或下班前。很多人可能会担心这样做会错过一些紧急重要的邮件。确实，收到他人的重要邮件后，即刻回复对方是非常必要的，这是对他人的尊重。一般理想的回复时间是两小时内，特别是对一些紧急重要的邮件。

所以，如果你的工作需要经常处理一些紧急重要的邮件，你可以选择每隔两小时查看一次邮箱，集中处理确保不会错过重要邮件。

针对不同的邮件类型，进行针对性回复

面对不同类型的邮件，我们可以做针对性的回复。

简单型邮件

像一些立刻就能答复的简单邮件，花几秒钟直接回复就可。比如同事发来会议邀请，询问会议时间你方不方便，如果时间方便，你直接回复“5 点开会，我时间 OK”即可。

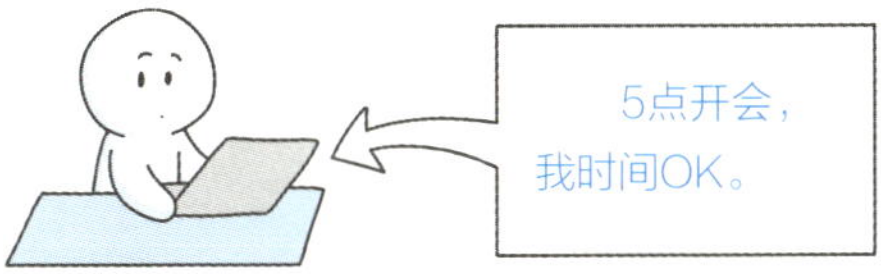

思考型邮件

这类邮件涉及的问题，你不能迅速得出一个确定的结果，需要花点时间去思考。

例如关于一些媒体资源的采买，需要你花时间一一查看，同时也要考虑到预算问题，如果你判断自己无法在几分钟内回复清楚，或这件事需要好好考虑，不要让对方苦苦等待，记住，及时做出回应，哪怕只是确认一下收到了。

你可以回复：

“邮件收到，关于‘××事情’我明天再答复你。”

然后将此事加入待办事项，以防忘记。

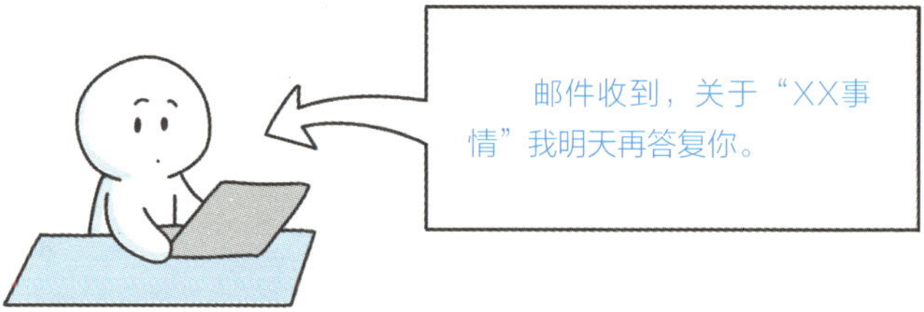

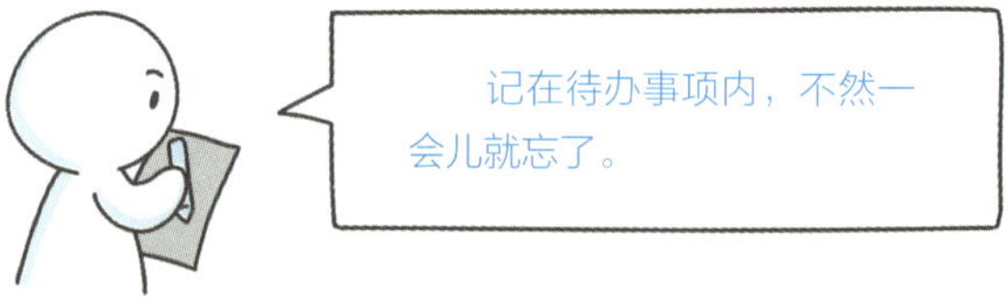

复杂型邮件

如果你收到的邮件内容，是你一个人无法做出决定，需要各部门配合协调的复杂事情，如客户要求做一个活动方案，其中除了需要管理人员外，还需要创意人员、文案、设计师等一起配合。

面对这种情况，一般需要会议讨论才能解决。所以，你同样可以回复一句话：

> “收到，此事我会安排在××月××日××时，您和我们项目组相关同事进行会议讨论，您觉得可以吗？”

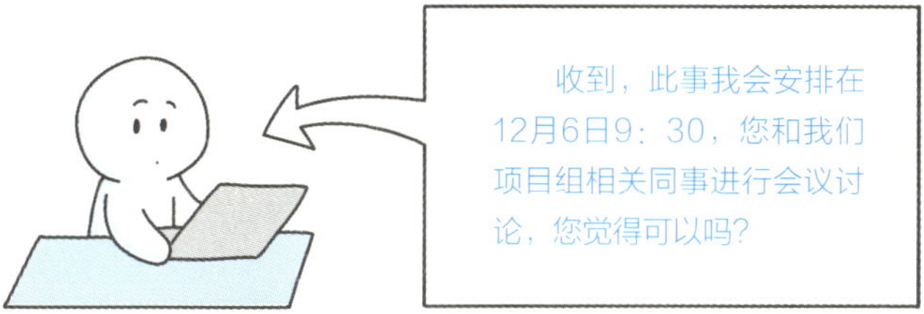

实操贴士

——重要任务总在最后一刻才完成，想了很久的计划却总是执行不了，怎么办?

你明知这是一项重要任务，却总在最后一刻才完成。“总”说明你已经养成了这种习惯，你是每一次拖到不能再拖的时候，才去完成任务，这是拖延症在作祟。

想了很久的计划，却总是执行不下来，说明这种情况并非一次两次了。你抗拒不了诱惑，放任自己的懒惰，总是达不成目标，这是缺乏自律的表现。

如果你想做一个不被拖延症困扰、能按计划达成目标的人，你的思维和行动就需要进行改变。

主动调整心态

改变思维，才能改变行为。要想通过自律成就高效的自己，达成自己的目标，就要主动迎接工作中的挑战或困扰。当你能按时完成任务时，便有更多的时间去做自己喜欢的事。

以积极的心态去行动

情绪影响着行为，面对必须完成的重要任务，如果我们以抗拒的心态面对，必定会在行动上拖延，以一种消极抵抗的姿态去实现心理上的平衡。如果我们以主动、愉快的心态去面对，做事的积极性会更高，整个过程也会更轻松高效。既然我们无法改变需要完成任务这个事实，那么为何不以一种积极的心态去面对呢？

找到一个强烈的改变的动力来激发我们的行动

比如，虽然运动很累，但为了减肥成功之后能穿更多漂亮的小裙子，我们会咬牙坚持，再多跑步 30 分钟。

提高行动力

习惯的力量是巨大的。有些坏习惯已经根深蒂固，改变起来十分困难。不过，只要你下定决心改变，问题就很容易解决，那就是用一个新的好习惯来取代坏习惯。

刚开始改变时，你会感觉到非常困难和不适应，这都是正常现象。克服懒惰，拒绝诱惑，坚持下去很重要。如何提高自己的行动力呢？以下三点希望对你有所帮助。

养成设定每日小目标的习惯

计划无法坚持下去的原因之一，是我们把目标设得太高，使完成计划过于困难。那些自律的人善于把大目标分解成一个个容易达成的小目标，并分配每天的工作量。

5分钟起步法则，拯救拖延症

该做重要工作的时候，觉得自己不在状态，想等找到感觉后再做。这是个不好的习惯，我们不能等找到感觉再做事，而是要在做事中找到感觉。5 分钟起步法则可以帮你。当你不愿意做某件事时，告诉自己“先做 5 分钟”，然后再决定要不要做下去。很多人在 5 分钟结束后会觉得把剩下的事情做完也不是太困难，就顺其自然地把事情做完了。

适当奖励自己，激励自己

在任务完成之后，可以奖励自己休息一小时、喝杯奶茶，或者去看场电影。这种自我激励的方式，有助于帮助我们专注地工作，同时效率更高地完成工作。

养成设定每日小目标的习惯

5分钟起步法则

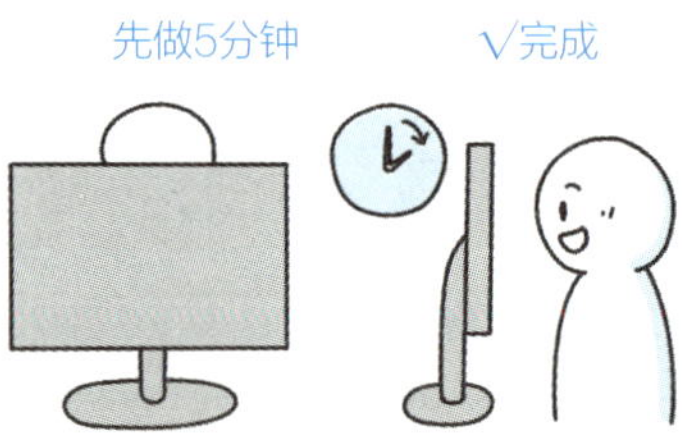

适当奖励自己，激励自己

第四章 时间管理

第一节 用SMART原则设定明确的工作目标

我以为时间管理很简单，没想到要注意的东西还挺多。

具体说说，有什么经验可以分享。

我发现，如果工作目标不明确，时间管理就很难有效。

确实，时间管理也是为我们的工作目标服务的。

时间管理，从设定明确的工作目标开始

作为职场人，面对手头上做不完的工作、加不完的班，你是不是常常感到急迫、焦虑，觉得时间太少了不够用。

但时间是稀缺资源，每个人一天只有24小时。如果你想要最大化地利用时间，在有限的时间内完成更多的工作任务，就需要学会时间管理。

现实的情况是，并不是你在工作中使用了时间管理工具，就能提高工作效率，如果你使用的方法不得当，也无法达到事半功倍的效果。

如何才能进行有效的时间管理？你需要先设定一个明确的工作目标，只有明确了工作目标，你才会往一个清晰的、明确的方向推进工作任务，避免走弯路、浪费时间。

一个明确的工作目标，可以指导你的职业方向，提高行动力。

若你想成为深耕心理学领域的专家，那么在目标的驱动下，你会把更多的时间花在能实现目标的事情上，接触更多的心理学案例、研读最新的心理学论文等，你不断地接受更多的工作挑战，提高自己的专业技能，使自己一步步靠近心目中的职业，最终成为你想要成为的心理学专家。

无论是长期目标，包括想实现的事业的最高成就、个人的人生成长目标等，还是短期目标，如想达到的月薪水平、开拓多少个新客户等，只要你有了明确的工作目标，便会最大限度地聚集宝贵的时间资源，把时间花在值得我们付出的事情上。这才是时间管理的根本目的。

跟着目标走，只要你走在对的方向上，随着时间的推移，你就会跑赢大部分人。可如果你没有目标，就会陷入整天忙忙碌碌却做不出成绩来的迷茫里。

我们所佩服且向往成为的时间管理高手，正是抓住了时间管理的本质，目标明确，勤奋而自律，脚踏实地地沿着自己的职业方向，一层一层地向上攀爬，即使途中有焦虑、迷茫，也能迅速调整，坚定地沿着既定的目标一直走下去，最终收获想要的结果。

设定明确的目标，要遵循SMART原则

目标的制定是为了能完成它，而不是成为摆设。因此，我们要设定一个明确的而非模糊的、能实现的而非无法达成的目标。

如何制定一个明确的工作目标？管理学大师彼得·德鲁克提出了 SMART 原则。他强调，一个好的目标需要具备五个特点：S(Specific，明确的)、M(Measurable，可衡量的)、A(Attainable，可实现的)、R(Relevant，相关的)、T(Time-bound，有时限的)。

接下来我们就来具体学习一下如何制定一个基于 SMART 原则的工作目标。

S（Specific）：目标必须是明确的、具体的

明确的目标是一项最基本的要求，毕竟只有了解我们需要做什么，才能够将这件事做好。

先来了解一下什么样的目标是不明确的。它们往往模糊不清、模棱两可，让人无法准确理解想要达到的目标是什么，比

如“修改客户的反馈”“提高服务质量”“把画面优化一下”。

面对模糊不清的目标，每个人的理解可能都不一样，这就容易导致出现这样的问题：领导想要让员工达成目标 A，员工却理解成了目标 B，最后上交的报告也是按照目标 B 完成的，和领导想要的有较大出入，领导暴跳如雷，责备员工不按他说的做，员工很委屈，觉得自己就是按领导说的意思做的。

为了避免这种由于工作目标不清晰而导致的问题出现，制定的目标一定要清晰、明确，要让别人听了你的目标后，脑海里所想象的结果和你是一样的。

这三个要素——什么事件、做什么、什么时间提交可以帮助你设定一个明确的工作目标。

> 举例：
>
> “客户对海报的 3 点反馈（事件），在今天下午 6 点前（什么时间提交）修改完毕（做什么）。”
>
> “明天上午 10 点，小 A、小 B 和我一起到 ×× 会议室开会，讨论项目进度问题。”

M（Measurable）：目标必须是可衡量的

我们的大脑不喜欢模糊的目标，只喜欢具体的行动指令。所以，想要达成的这个目标，必须有一个具体的可以衡量的标准，或者说寻找一个标准来帮助我们确认是否达成了目标。这个标准可以是一个明确的数据，也可以是一个具体的目标。

像销售岗位，其工作目标就很容易用数据进行衡量，比如

“每月需达成20个新客户的指标”“每月达成8万销售额的业绩”。

如果面对一些难以衡量或衡量的标准不太好确定的目标，比如“维护和客户的关系”，你可能需要先去尝试做，在熟悉的过程中逐渐了解衡量的标准。当你知道可以通过给客户打电话、邮件沟通、逢节日送礼物等方式来维护关系时，便可以把“维护和客户的关系”这个无法衡量的目标量化为“给5个客户送中秋节礼物，维护客户关系”。

A（Attainable）：目标必须是可实现的

设定的目标必须有实现的可能性，一个你无法达成的目标没有任何意义，还会打击人的自信心。

但也不能设置一个轻轻松松就能完成的目标，这太没有挑战性了，总是做自己能力范围内的事，就无法有效提升自身能力、快速自我成长。

设定目标的诀窍在于目标符合自己的现实情况但需要努力才能达成。虽然有些挑战性，但你努努力、踮起脚尖伸伸手也能做到。

假设你的安装速度是平均每30分钟安装30个产品。

目标1：“每30分钟安装35个产品”，这是你努努力就能达到的水平。

目标2：“每30分钟安装60个产品”，直接把效率提升1倍，这就有些强人所难了。

判断目标可实现性的一个主要方法是参考别人，如果别人和自己差不多，他能做到的事情，我们就有理由判断自己也可以做到。

在考虑目标可实现性时，不要漏掉一些对目标有帮助的同事或领导或客户，有些时候我们认为自己无法实现某个目标，可能只是没想到合适的方法或没找到合适的帮手，所以设定目标时应尽量考虑完善，免得放弃本来有可能实现的目标。

R（Relevant）：目标必须和其他目标有相关性

目标必须有相关性，这个需要结合自己职业的长期目标或中期目标来考虑。

考虑相关性是因为人的精力是有限的，为了完成我们的长期目标，我们必须限定当下任务的范围，即只做必须要做的事。

如果你是一名无经验的刚入职的微信公众号编辑，想要提高自己的工作能力，“一个月内熟练掌握公众号排版技能”是一个和工作岗位十分契合的目标，如果你给自己制定目标“学习一个月的 Python 编程”，和岗位职责没什么关系，这就有问题了。

T（Time-bound）：目标必须有时限性

我们得给目标设定一个期限，当最后期限到来的时候，就可以根据衡量标准来判断目标是否达成。

一个有时限性的目标应该是这样的：“明天下午 6 点前，把上个月的报表数据整理下发给我。”

如果领导布置的任务是“把上个月的报表数据整理下发给我”，没有限定什么时候提交，会让人觉得这个任务并不着急，导致我们会把这份工作不断往后安排，而优先做那些时间紧急的工作。

一个没有时间限制的工作任务，会让人缺乏行动力。所以，当领导布置的工作没有说明时间期限时，你需要主动询问他什么时候要，如果领导说“你自己安排”，那你也要自己给出一个合理的工作时间，这不仅能提升执行的效率，还能给自己适当的压力。

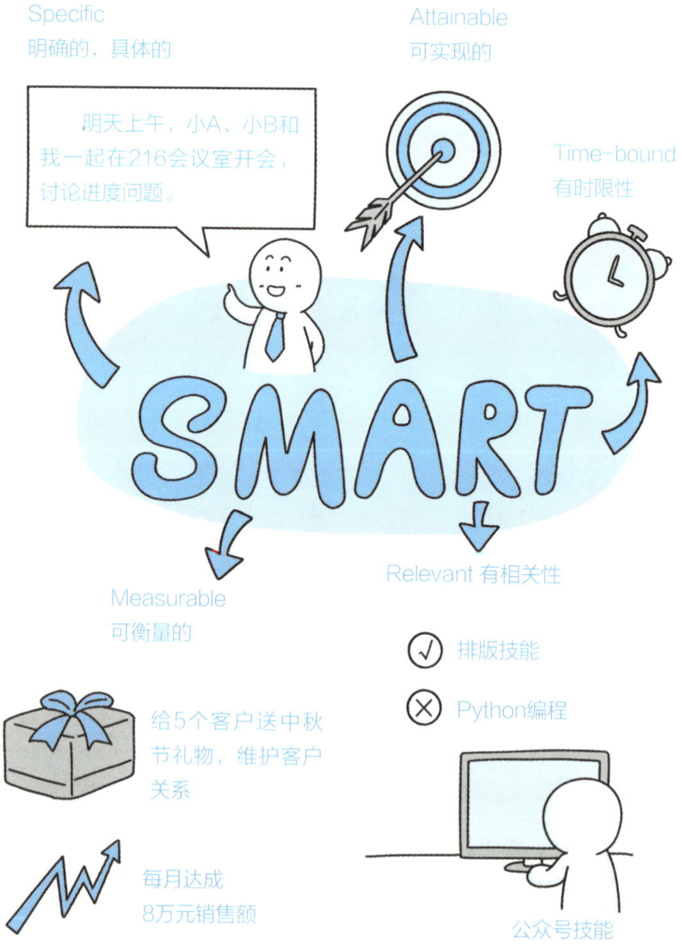

制定长期目标和短期目标，为职业生涯指明方向

一个对自己的职业有所规划的人，一定是明确知道自己想要什么的人。你可以为自己设定短期目标和长期目标，按照既定规划，一步步达成自己心目中的职业目标。

前面我们学会了如何设定明确的工作目标，接下来就在SMART原则的基础上，制定你的职场长期目标和短期目标吧。

长期目标

HR在面试的时候经常会问："最近3～5年，你的职业规划是什么？"这个3～5年的职业规划，就属于长期目标的范畴。

长期目标是指需要较长时间才能实现的目标，可以是3～5年，可以是3～8年，甚至更长时间。

长期目标的设定，取决于你对自己未来的职业规划，比如在某个行业做到什么职位、月薪年薪多少以上、积累多少人脉等。

当你脑中有一个比较明晰的职业想法时，可以给自己定一个长期目标。若你现在是一名文案人员，未来想要成为一名品牌策划师，那么你就需要列出达成这个目标所需要做的事情：提高文笔能力、学习写方案、学习创意策划、学习品牌策略、积累策划经验、提高沟通能力、锻炼提案能力等，然后查缺补漏，一步步提升自己的能力，积攒经验，当你具备一名品牌策划师的相关职业技能时，便是你勇敢跨向新职业的最佳时机。

如果你不给自己设定一个具体的职业目标，只是脑海中有一个模糊的想法，你怎么能成为你想成为的样子呢？

在职场上遇到困难的时候，一个不成熟的长远的职业规划，也能起到一个指引方向的作用，让你的职业发展波动尽量控制在一个比较安全的范围内。

在执行的过程中，你可以根据实际情况不断修正自己长期目标的方向，确保自己一直朝着自己想去的道路前进。

短期目标

短期目标是两年内甚至更短时期内（一个月、半年等）要完成的职场目标，比如了解行业中的相关信息、提高工作岗位所需的职业技能、月薪达到多少、升职加薪等。

在行动中你会发现，设定一个短期目标的前提，是要依附一个长期目标。当你距离达成长期目标还很遥远的时候，你可能会怀疑自己是否真的能做到。这时候，你需要把长期目标拆成一个个阶段性的短期目标，把宏大的目标转化为当下脚踏实地的努力。

短期目标的好处在于，可以激发建立你继续努力的动力和信心，因为它可以在短时间内完成，也能更快收获成果，这样可以帮助你推进长期目标的实现。

比如，你的长期目标是“一年在自媒体平台发布 50 篇原创文章”，这样看起来是不是觉得数量很多，有点难。

那就把它转化为短期目标吧。以长期目标为基础，你可以根据所需要的总时间进行倒推，写出每个阶段性节点所需要完成的目标，由此得出许多个短期目标。

一年发布 50 篇原创文章，一年有 52 个星期，50 篇文章除以 52 个星期，约等于每周发布 1 篇文章。于是，你的短期目标可设定为：“在自媒体平台，每周发布 1 篇文章。”这样看起来，是不是就觉得没那么难了。

第二节 管理时间要对症下药

原来使用时间管理方法也需要对症下药。

当然了，每个时间管理方法能解决的核心问题都不一样。

所以，我需要先明确我想解决的问题是什么。

是的，根据问题才能快速找到适合你的方法。

时间管理也需要对症下药

看到别人用了时间管理方法后，工作和生活有了很大改变，你也去尝试，却没什么效果。为什么别人夸赞“提高工作效率”

的时间管理方法，对于自己却没什么效果呢？

找到时间管理上的问题，才能解决问题

当我们准备实践时间管理方法时，一定是工作中有一些问题产生，才让我们有了管理时间的需求。

如果你并没有真正要解决的问题，那就很难有效果，这就像一个没病的人吃药，你能看出来药是否管用吗？当然，也可能别人当初选择这个时间管理方法想解决的问题，不一定是你想解决的问题。

因此，如果你想要进行时间管理，首先需要弄清楚自己的需求是什么——自己碰到了什么问题、产生问题的原因是什么，再看使用什么时间管理方法可有效解决问题。

假如你很想解决工作效率低这个问题，就要先分析为什么自己工作效率低：可能是自己注意力不集中，总想摸鱼，这是专注力的问题；可能是一直有其他工作插进来，导致原定今天完成的工作没完成，这属于工作安排问题；可能是你整个人状态不好、精力不足，这属于精力不够的问题。

分析完所有可能的原因后，从中找到最核心的原因，这时候你就可以去寻求相应的时间管理解决方案了。

如果你没有什么思路，可以先从别人的经验入手，搜索一下那些和你有同样烦恼的人，看他们是如何解决这个问题的，使用的是什么时间管理方法，他们的经验很有借鉴意义；如果你之前遇到过类似情况，也可以根据你的过往经验考虑解决方案。

意识到时间的流逝，是时间管理的前提

你是不是经常有这种感受：在刷短视频的时候，明明想着自己就刷个 10 分钟，结果一不留神 3 个小时过去了，你完全没有意识到时间的流逝。

这是因为当时间很充足时，你往往会毫不吝惜地使用它，不会意识到是在浪费时间。

可工作的时间是有限的，在规定的期限内，我们如果完不成工作，就会着急焦虑，这时候你才开始意识到自己没有好好利用时间，产生自己需要时间管理的意识。只有对时间的流逝保持高度敏感，你才能成为一个有效的时间管理者。

如果你想培养自己对时间的敏感度，可以先了解一下自己是如何花费时间的。

记录一下每天处理工作所花费的时间，其中哪些时间是用来完成重要又紧急的工作，哪些时间是去做那些既不重要又不紧急的事。

当看到这些具体的数字时，如 ×× 小时工作，×× 小时午餐和休息，×× 小时开会，等等，你才能直观地看到时间去哪儿了，才能意识到时间的浪费，然后你才能想到去进行时间优化，减少在不必要的事情上花费的时间，找到那些可以利用的时间，从而有效管理时间。

你的时间和精力在哪里，你的努力在哪里，你的收获就在哪里。只有意识到自己在浪费时间，你的工作效率才会完全不同。

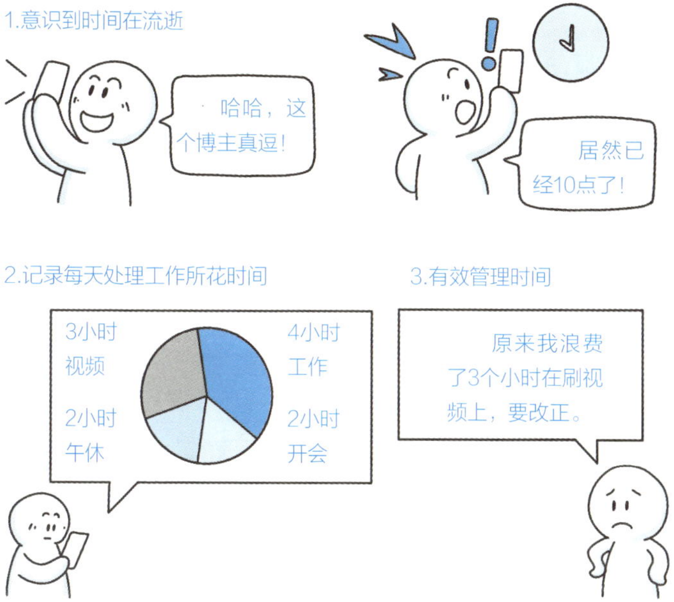

时间管理的前提是意识到时间的流逝

想要时间管理成功，你要做到这三点

在具有时间管理的意识之后，需要做到这三点，才能让自己从一个时间管理新手升级为时间管理高手，使时间管理成为一种习惯真正融入自己的工作和生活。

精力管理是时间管理的基础

先来假设一个场景：今天你跑来跑去拜访了好几个

客户，好不容易下班回到家，你明知道自己今晚有一节一小时的技能提升课需要上，但你太累了，累到整个人只想躺在床上玩手机，其他什么也不想干。

这说明什么？即使你把下班后的学习计划安排得很好，即便你今天晚上有时间上课，但因为你没有足够的精力，也还是一场无用功。

所以，精力管理是时间管理的基础。

但人的精力是有限的，在工作中，你会发现自己有时候注意力很集中，大脑也转得特别快，工作效率非常高；有时候整个人效率特别低，总是分神，想摸鱼玩手机。

因此，如果你想要做好时间管理，那就需要利用自己精力最充沛的时间去攻克那些困难级别的工作任务，因为这时候你的专注力是最佳的，工作会十分高效。

如何才能拥有充沛的精力呢？你需要保证规律的生活作息、充足的睡眠，这样输出的精力才有保证。

如果你前一天晚上熬夜了，睡眠不足，第二天就很难精力充沛地、精神饱满地上班。

不断尝试新的时间管理方法

在网上搜索“时间管理方法”，会出现非常多的方法，如“柳比歇夫时间管理法”“番茄钟法”等，让人眼花缭乱，看起来都很好用，但并不是每一个时间管理方法都适合你。

如果你想要有一个比较好的时间管理的效果，不一定要严格按照别人的方法来做，这些方法大都是个人化的经验教训，并不适用于所有人。你可以结合自己的具体情况，适当地进行调整和修改，探索出适合自己的一套时间管理系统。

坚持时间管理

其实，时间管理这件事，只要你坚持，就一定会看到效果。问题是尝试时间管理的职场人很多，但真正坚持下来的人却很少。

究其原因，是时间管理很难在短期内看到效果，它可能会帮你每天节省几分钟、几十分钟，但这个变化我们很难直观地看到，只能通过自己的感受去判断。当你尝试之后得不到积极反馈时，就会开始怀疑它的有用性，自己也会变得越来越松懈，直到完全放弃。

时间管理其实也是一个需要培养的习惯，都说 21 天养成一个新习惯，但有多少人能真的坚持 21 天呢？

我们要明白，时间管理是一个由量变到质变的过程，长年累月下来，你才会看到显著的改变。

面对不同目标，用对时间管理方法

重要工作，通过管理精力来管理时间

利用“黄金三小时“，让工作事半功倍

有一个著名的“黄金三小时”法则提到，早上 5 ～ 8 点，

是人一天中效率最高的三个小时，在这一时段工作一个小时相当于在其他时段工作三个小时。

虽然说的是“黄金三小时”，但并不是绝对死板的三个小时，它是指人们应利用一天中效率最高的时段去完成最重要的工作，以达到事半功倍的效果。

最佳状态或者效率最高的时间段因人而异，它可以是四到五个小时，也可以是下午甚至是晚上，适合自己即可。

因此，你需要找到自己的“黄金三小时”，把工作按照从重到轻的顺序，合理安排在“黄金三小时”里，在此期间心无旁骛地投入工作，保持专注，达到事半功倍的效果。

利用“黄金三小时”，让工作事半功倍

当效率低下时，应该“积极地休息”

我们总觉得，多延长工作的时间，就可以获得更多的工作成果。其实并不是。就像我们跑步一样，跑久了不休息，肯定会越跑越慢，最后完全跑不动，只能慢慢行走。

工作时间长不代表你的工作效率高。越高效的人、越成功的人，越懂得劳逸结合的重要性。

所以，当你感到自己效率低下时，及时休息才是正解。与其强迫自己混混沌沌的头脑继续运行，不如让自己适当地休息几分钟，调整好状态之后再投入工作，这样才能有效提高工作效率。

当效率低下时，应该“积极地休息”

琐碎小事，进行碎片化时间管理

面对一些重要且紧急的工作，利用一整段的空闲时间去处理是最佳选择。实际工作中，我们面对更多的是碎片化的时间，总会有一些临时插进来的工作。

利用这些碎片化时间处理重要的事情不太合适，存在时间不够或被其他工作打断的风险，但可以做一些琐碎的工作。

一些不需要动脑的简单工作，比如贴一贴发票收据、和同事发个消息告知需求变更等；还有一些5分钟之内就可解决的问题，比如通知同事们会议安排、找财务盖个章、给领导送个合同等。这些工作都可以利用碎片化的时间进行处理。

如果处理一项工作时卡住了，或整个人状态不佳，也可以先完成一些琐碎的工作，换个思路，换换心情，即使只是几件小事，也会带给我们完成任务的自我满足感，会带给我们继续工作的动力。

因此，我们在罗列一天的工作时，可以把那些紧急但不重要、不紧急且不重要的工作也放入其中，利用碎片化时间去处理，更好地应对各种工作安排。其实我们的整体工作时间并没有增加，只是把原本会被浪费掉的碎片化时间利用起来了，这也是提高工作效率的有效途径。

根据不同的时间管理工具的特性，针对性选择使用

每个时间管理工具的使用目的都不一样，你需要了解你想要解决的问题是什么，才能找到能够解决你问题的时间管理工具进行实践。

如果你想了解自己的时间利用情况，可以使用柳比歇夫时间管理法

柳比歇夫时间管理法的精髓是，通过记录我们在每项工作上所花费的时间，清晰而准确地知道自己的时间去向，然后对整个时间记录进行统计和分析，通过月小结和年终总结，改进工作方法、计划未来事务，从而提高对时间的利用效率。

这个方法就像我们记录收支情况一样，当我们知道钱都花在哪儿时，才会有意识地去控制花钱，把钱花在更有用的地方。

如果你想了解自己每天的时间花费情况，看看哪些时间是被浪费掉的，从而更高效地利用时间，那么柳比歇夫时间管理法是一个不错的工具。

如果你每天瞎忙却不见成绩，可以使用四象限法和“吃掉那只青蛙”

四象限法前文提过，是让我们把工作按照轻重缓急进行排序，优先处理第一、第二象限的工作。

而“吃掉那只青蛙”，也是让我们每天先把最困难、最有价值的工作搞定，青蛙代指那些最艰巨、最重要，但做了能带来最大价值的工作。

如果你感觉自己每天都很忙，但效果却微乎其微，那么你比较适合从这两个方法入手，相信将会有很大的改观。

如果你希望自己能连续高效地工作，可以使用莫法特休息法

我们都知道，长期做同一项工作很容易让人感到疲惫、枯燥，这时候，工作效率就会下降。但很多时候，我们又没有过多的时间休息。那么，如何能够让自己连续高效地工作呢？你可以使用莫法特休息法。

莫法特休息法的关键就在于在不同工作间进行切换，比如写稿写累了就去写一会儿方案，写方案没灵感了再去搜索下写稿素材。

这个方法看似很累，但其实可以让大脑有效休息。因为在转换工作时，由于工作内容不同，大脑会产生新鲜感，原有的疲惫和惯性思维会一扫而空。

这种穿插进行的工作方式可以让人们的想法更加灵活，也会让做事的效率更高，从而达到时间管理的目的。

第三节 你的“时商”觉醒了吗？

我觉得，做好工作的时间分配，对于时间管理来说特别重要。很多同事其实能力很强，但就是因为时间分配没做好，导致整天都慌慌忙忙的状态。

是啊，重要的工作就多分配时间去做，不重要的工作花一点时间就够了。

心中要做好取舍，才能提高工作效率。

明明是同样的工作，不同的人完成工作所需要的时间却各不相同。有的人三天就能完成的工作，有的人却要花上两个星期。

为什么会有这么大的差别？除了个人能力有区别之外，还因为每个人的时间管理不同。工作效率高的职员，往往时间管理较好，会合理分配时间；而工作效率低的职员，则在时间分配上有所欠缺。

这一小节，就为各位职场人士介绍一些常用的时间管理方法。每一个时间管理方法都有不同的特性，针对性地解决的问题也不尽相同。

二八法则通过区分每一项工作的重要性来分配时间；短跑理论鼓励大家集中注意力、提高效率；To do list 通过建立待办工作清单，对工作时间进行合理分配；而番茄钟法则是你提高行动力、改善拖延症的好帮手。

你可以根据个人需要，了解和尝试不同的时间管理方法，找到最适合自己的、能够有效帮助自己解决时间分配问题的工具，从而达到提高工作效率的目的。

二八法则

二八法则就是二八定律，也叫作帕累托法则（Pareto principle），是 19 世纪末 20 世纪初意大利经济学家帕累托提出的。

他认为，生活中存在着很多不平衡的现象，投入与产出的不均衡、原因和结果的不均衡、努力和收获的不均衡，在任何一组东西中，最重要的只占一小部分，约 20%，其余 80%尽管是多数，却是次要的，比如 20%的人口掌握了 80%的社会财富。

二八法则反映的这种不平衡性，同样体现在工作上。你会发现，最重要、最有价值的工作只占总体的一小部分，约 20%，而其他不太重要的工作却占到了 80%。

二八法则在时间管理上的应用

二八法则告诉我们，需要把 80% 的精力用来处理 20% 最重要、最紧急的工作。

你会发现，当你把 80% 的精力投入 20% 的工作中时，不仅效率得到了明显提升，还收获了 80% 的效果。

想一想，如果你还像之前一样，在琐碎的工作上花费 80% 的时间，那么你最终只能取得 20% 的成效。

每个人都希望在有限的时间里做更多的事情，但利用时间的最重要原则，就是不要试图把所有的事情都做好。二八法则告诉我们，做任何事情都要主次分明，有时，必要的牺牲是为了最后的胜利。

如何判断哪些是20%重要且紧急的工作？

这个问题，每个人心中都有自己的衡量标准。建议大家可以通过下面的思考逻辑来判断。

首先你要明确一个想要达成的目标，然后分析为了达成这个目标，你准备做哪些事情，比如你计划做五件事。接下来你要评估，这五件事情哪一件最有可能帮你达成这个目标，那么，在这件事情上，你就应该投入最多的时间和精力。

比如，你想要成为一名自由职业者，你希望有几个稳定的接单渠道来保障月收入，那么，以下几个选项，哪个对你最重要呢？①搜寻各种兼职渠道，询问身边的朋友，寻找更多接单机会；②做自己的自媒体账号，进行自我宣传，吸引客户上门咨询；③专注提升自己的技术水平，为接单打下基础。

答案其实不言而喻了。

①对于你来说就是20%重要且紧急的工作。在当下你需要保障固定月收入，寻找更多的接单渠道一定是最重要的，因为这是最急迫的，没有什么比先接单挣钱更重要了。

②或③，做自己的自媒体账号或提升技术水平。这只是一种辅助寻找的手段，属于厚积薄发的方法，但不是最重要的。

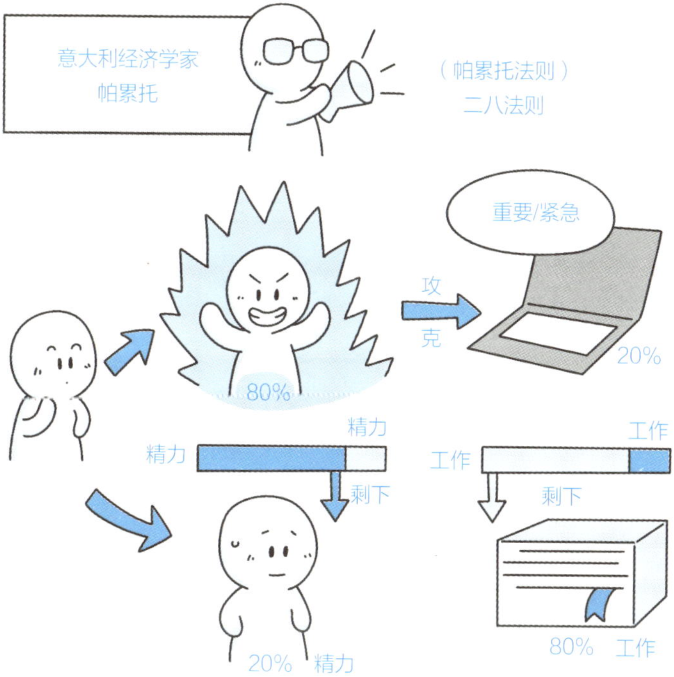

短跑理论

当你感觉自己越来越难以集中注意力做一件事情，而且每次专注做事的时间越来越短时，你就可以利用短跑理论。

当你在短跑时，即使快要跑不动了，体能快耗尽了，因为想着快结束了，也会坚持让自己跑下去，还会不停地给自己心理暗示，再坚持一会儿。这就是短跑理论。短跑理论鼓励你要专注，在短时间内强迫自己集中注意力，高效作业。

在短跑中我们会发力冲刺，短期内将自己存储的精力全部消耗掉。这就意味着在其他的时间，我们需要养精蓄锐，把一部分的精力存储下来用于短跑。

短跑理论适用的工作

短跑理论并不适用于所有工作，主要适合这两类：

第一类是需要遵守纪律的事，每天都会重复做且需要长期坚持的事，比如每天读 10 页书、健身打卡。它们本身就带有“短跑”的特点：每天只需要你专注一段时间，当你开始“短跑”时，就可以把其他时间存储的力量在这段时间里尽情释放出来。

第二类是需要长期达成的目标。如果你想顺利坚持下去，可以把这个长期目标分配到每一天的任务计划中，把一次长长的马拉松变成多次短跑的合集。通过这样的行为，我们不仅可以在每天的这个时段保持专注，还能够在长期坚持之后形成习惯。

短跑理论倡导每次都多做一点

在短跑时你会有这种心态：在快到达终点时，因为胜利已经在眼前，你会用尽全力冲刺，以求一个更好的结果。

借助这个冲刺的动力，在实施短跑理论时，除了每天固定的数量外，你还可以尝试每次多做一点，比如昨天做 20 个俯卧撑，今天就尝试做 22 个。虽然 22 个有点累，但你咬咬牙也能坚持做到。

在养成这种“每次多做一点”的习惯之后，量变引起质变，你的收获就会越来越大。

To do list

我们一天需要处理的工作太多了，不仅有大项目里拆分的每日任务，还有一些杂事，唯一能保证自己不忘记的方法就是记录下来，然后一项一项完成。这个时候，To do list 就是职场人最好的帮手，它可以提醒你今天一天的工作任务是什么。

“To do”就是“去做”的意思，To do list 就是列出一段时间内（一般是以天或周为单位）要做的工作，就像列一份购物清单一样，列一下需要买的东西。

在工作中，使用最多的是以天为单位的 To do list。一般职场人的习惯就是，早上刚到公司的时候，先列一下今日的工作 To do list，然后再开启一天的工作时光。

To do list 的内容

先将能想到的所有当天要做的工作写到纸条上，每一项工作都包含明确的目标和截止日期，这样可以保证需要做或想做的事情至少都能想到，不会遗漏。

重点标注那些必须今天完成的、最紧急最重要的任务，将它们标上星号，给任务分清主次。

这样 To do list 的内容就完成了。在当天工作结束后，一定要对 To do list 进行复盘，将已完成的工作画“√”，或是把它删掉，然后检查自己哪些工作还没有完成，分析没有完成的原因是什么，这些工作是明天完成还是另外安排时间完成，进行后续的工作安排。

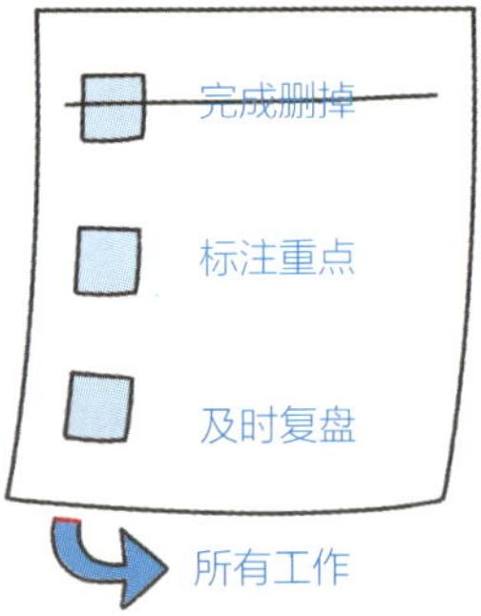

To do list 的内容

To do list 的方式

有些人喜欢将要做的工作手写在便笺上，然后把它贴在自己一下子就能注意到的地方，时刻提醒自己完成今日工作。

有些人喜欢电子版的 To do list，将要做的工作记在手机便笺上或时间管理 App 上，方便随时查阅。

每个人的方式都不一样，你可以选择自己喜欢的方式去制作。

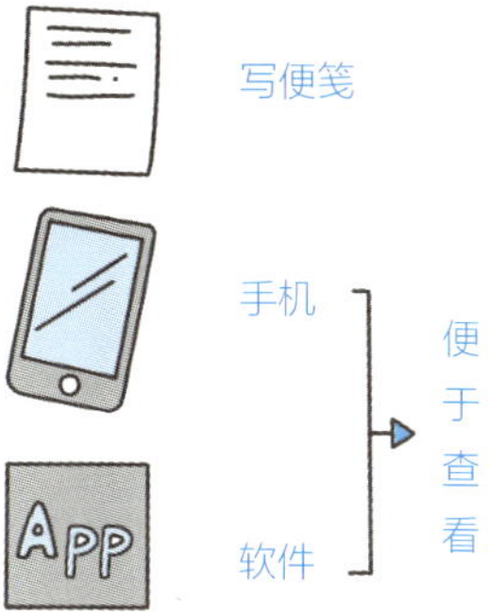

To do list 的方式

制作To do list，让事情尽在你的掌握之中

To do list 几乎是职场人每天必用的一个时间管理工具。为什么它的使用率如此之高？因为如果没有 To do list，你就会被你的习惯无意识地带偏而不自知。

上班坐在工位上后，你就开始随心情安排工作，浏览浏览网页，刷刷手机，和同事闲聊几句，一上午就过去了。下午刚准备工作，整个人又开始昏昏欲睡，工作状态极差，但因为工作必须要做了，于是不得不强撑着继续工作，最后就是效率低下的结果。

如果你想做一个职场时间管理者，就必须自己来安排工作，而不是被习惯所左右。列 To do list 的作用就在于让自己的行动路线按照自己设计的方式来，这样你每天都有明确的工作目标，不是事情追着你跑，而是事情都在你的掌握之中。

制作To do list

番茄钟法

番茄钟法可谓是最受欢迎的时间管理方法之一。很多使用过的人表示，他们是借助番茄钟法，消灭了自己的拖延症，拯救了自己的注意力。至于为什么将它命名为番茄钟法，是因为番茄钟的发明者弗朗西斯科·西里洛在使用这个方法时，用的定时器是番茄形状的，故有此名。

番茄钟法的核心就是工作 25 分钟，休息 5 分钟，这样的 25 分钟就称为 1 个番茄钟。番茄钟可以帮助我们排除自身和外界的双重干扰，在 1 个番茄钟内高效完成工作。

番茄钟用法

1. 选择一项待完成的工作。

2. 设置 25 分钟的时间（1 个番茄钟）专注工作，中途不允许做任何与工作无关的事情。

3. 直到钟声响起，然后短暂休息 5 分钟。

如此循环，当到达 4 个番茄钟时，休息时间可加长。

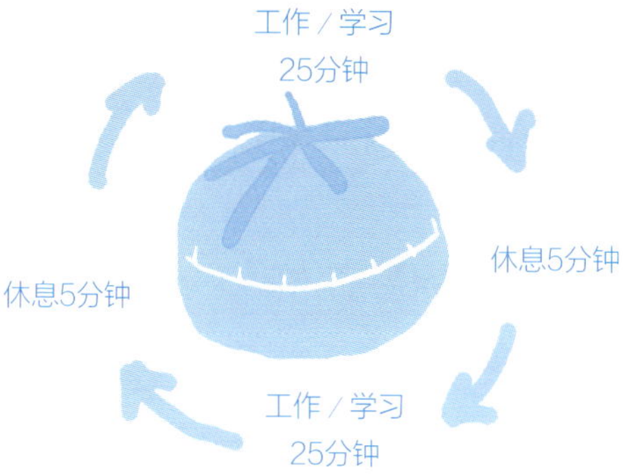

使用番茄钟，拯救你的拖延症

在开始工作之前，你是不是经常会想东想西：“这个工作好难啊，我要不要先做其他简单的？”“我该从哪里开始做呢？”结果越想越纠结，迟迟无法动工。

这时候，番茄钟就可以拯救你的执行力。先别考虑这项工作有多复杂，最重要的是开始！打开番茄钟之后，强迫自己进入正襟危坐、全神贯注的状态，专注当前的工作。这种方法总比你东张西望、犹豫纠结有效得多。

番茄钟使用注意事项

番茄钟是不可以被打断的。一旦设定好番茄钟的时间，在这个时间内，你就必须保持专注，认真地完成工作，直到番茄钟响起。之所以这样设定，就是为了让我们养成习惯，以番茄钟作为基本的时间单位去行动。

如果你在一个番茄钟内做了其他的事情，比如你工作 10 分钟后，就被同事叫去开会了，这个番茄钟被打断了，那么它就是无效的，你需要重新开启一个番茄钟。

如果一个番茄钟内工作没做完怎么办？这好办，在下一个番茄钟继续做就可以了。

如何设置适合你的番茄钟?

每个人的时间疲劳点是不同的。“25 分钟工作 +5 分钟休息”的时间切割，不一定适合所有人。

如果你发现自己的注意力不能持续 25 分钟那么久，可以根据自己的情况，适当调整番茄钟的时间，比如设定为 15 分钟。如果你觉得 25 分钟太少了，希望专注更长时间进行工作，那也可以设定为 45 分钟。

刚开始尝试番茄钟时，建议你坚持一段时间，先让自己习惯这种专注的感觉，当你感觉自己已经适应了25分钟的专注时，下一步就可以尝试加时间，比如设定45分钟作为一个番茄钟，逐步提高你的专注力。

实操贴士

——面对功能各异、让人眼花缭乱的时间管理App，怎么选?

虽然时间管理 App 的功能各异，但只要我们明确自己使用时间管理 App 的主要目的，选择哪个 App 就不难了。

你的目的是要列工作清单，管理每天的工作任务？还是想提高专注力，拯救拖延症？还是要记录每天的时间分配，可视化时间？明确目的后，你可以以目的为方向选择能够解决你的问题的 App。现在很多时间管理 App 的功能都很丰富，安装一个 App 就能解决上述所有问题。

通常来说，一款好的时间管理 App，最好具备以下三个特点：①具备信息记录功能，可以及时记下待办工作的具体内容；②有时间提醒功能，这样可以帮你更好地规划什么时间做什么事；③多端同步，可以在不同的设备上进行操作或接收提醒信息，效率更高。

信息记录功能

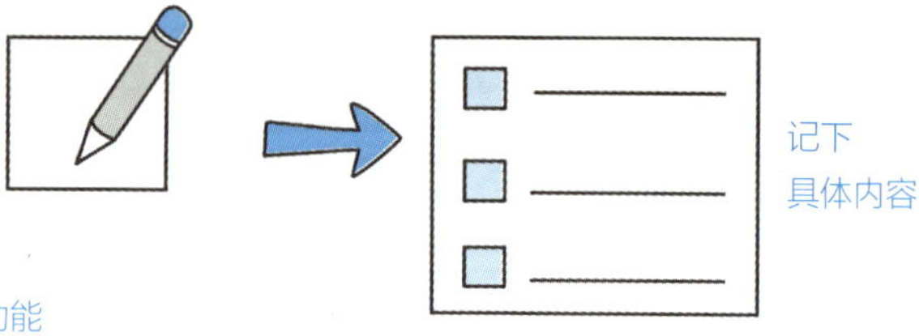

时间提醒功能

多端同步

要想成为时间管理达人，时间管理 App 可以帮助你在实践中学习。同时，我们也要明白，所有工具都只是手段，而不是目的，不要过分依赖。当工具过于复杂时，反而会浪费时间，根据手机系统以及自身习惯选择适合自己的即可。

下面根据不同 App 的功能特性，为大家推荐几款好用的时间管理 App。

番茄ToDo、Forest——提高专注力

番茄ToDo

番茄钟的工作25分钟、休息5分钟的设置，可以让你暂时远离手机、抵制分心。如果完成，你会收获一个番茄，但一旦你在这个过程中玩手机，这个番茄钟就作废了，你需要重新开始。其中，独有的学霸模式，可以帮你排除手机其他App的干扰。

Forest

本质上和番茄钟的原理一样，但Forest不种番茄，而是种树。当你专注工作（学习）25分钟时，就可以拥有一棵虚拟小树。如果你在这个过程中偷懒使用手机，树苗就会枯萎死去。

它的特点在于，当你“专心”种树达到一定时间时，便可以申请种一棵真正的树。

滴答清单——制订计划

如果你是时间管理的初学者，滴答清单是一个不错的选择。它是一款轻便的待办事项、日程管理的App，可以帮你记录每日待办工作清单，界面简洁，功能丰富，也有番茄钟功能。

滴答清单最大的优点在于几乎覆盖全平台，你可以在手机、电脑上同时使用它记录重要事项。

iHour、时间块——记录时间

iHour

iHour 可以记录你做每一件事所花费的时间，你可以将你每天要做的事情列在 App 上，提醒和激励自己坚持好习惯。

iHour 致力于帮助每个人实现“一万小时”计划，因此它有一个奖励机制，当你的某项任务累计时长较长，达到某个时间段时，就会为你点亮一个徽章，这种奖励机制可以激发你的学习兴趣。

时间块

时间块的特点在于，它放弃了精细化记录和实时记录，而是以 30 分钟或 15 分钟为最小时间单位，在操作时，只需点击或拖动表格和选择事项，“一选”“一点”就把时间记录下来了。

时间块帮助你对整块时间的使用情况一目了然，养成在整块时间内专注做事的习惯。

实操贴士

——上班工作，下班做家务，没时间健身运动，怎么办？

运用大段集中的时间运动，效果无疑最好。但如果你选择上一节瑜伽课、上一节私教课、上一节动感单车课等，一节课需要 45 分钟至 1 个小时，再加上去健身房以及回家所花费的时间，全程需要 1.5 ～ 2 小时。

对于工作日的职场人，白天工作，下班又要做家务，挤出集中的 1.5 ～ 2 小时的时间去运动，确实有些困难。如果你真的很想保持运动频率，维护身体健康，这个问题也不难解决，时间就像海绵，挤挤总会有的。

我们可以选择更灵活的方式去运动，不一定要选择上课的形式。跳健美操 15 分钟、跳绳 10 分钟、俯卧撑 50 个、平板支撑 3 分钟，也是运动，虽然这种运动强度不够，可能达不到有效锻炼的效果，但运动的关键在于你要真的动起来，并在动起来的基础上坚持，才能慢慢看到效果。动则有益，多动更好，适度量力，贵在坚持。

运用碎片化时间运动

有些时候你觉得自己忙，没有时间，其实是因为你没有学会合理利用时间，3 分钟、10 分钟的时间挤挤还是有的。

针对忙碌的上班族，合理利用碎片化时间运动是一个不错的选择：

1. 如果你有早起的习惯，不如早上跑步 30 分钟，唤醒身体，这样自己一天也会活力满满。

2. 将身体活动融入日常生活中。充分利用上下班的时间进行运动，如果公司离家近，可以选择骑自行车或者步行上下班，比如上班骑行 25 分钟，快步走 15 分钟，下班快步走 15 分钟，中午吃完饭还可以选择散步 10 ～ 20 分钟。

3. 充分利用点滴时间运动，能站着就不坐着，能爬楼梯就不乘坐电梯，楼层比较高的话可以选择走几层的楼梯再乘电梯上楼。每隔一小时起来走动一下，活动下颈椎，做做伸展运动。

4. 做家务也可以作为运动的一部分，扫地拖地、洗衣服、做饭等也属于身体活动。

5. 晚间在家时间，可抽出 10 分钟做一些简单的力量训练，比如俯卧撑、仰卧起坐、卷腹、平板支撑等，每组做 10 个，一共做 3 组，帮助增强核心部位和上肢力量。

早起

跑步30分钟

将运动融入生活

骑自行车或步行上下班

充分利用点滴时间

走楼梯

不久坐，多走动

做家务也是运动的一部分

抽10分钟做力量训练

仰卧起坐

合理规划运动

通常来说，运动一般都是按周来进行规划的。一周锻炼 3 次，每次集中锻炼 1 小时，就能够达到不错的锻炼效果，且运动效果可以累积。

如果以一周 3 次锻炼进行安排，考虑到工作日没什么时间运动，你可以在工作日只安排 1 小时的运动，这样也不会对日常工作产生多大影响，至于家务，请把它合理安排到其他时间。

剩下的 2 小时就分配给周末，每天 1 小时，注意提前安排好运动时间，不要被其他事情影响。

第五章 整理归纳

第一节 3原则4做法，教你有效整理资料

提高职场效率，及时整理资料很重要

在工作中，我们需要处理和查阅大量的文件资料，很多时候我们习惯把文件随手一放，想等到文件累积多一点再集中处

理，想着如此操作会提高工作效率，但事实上事与愿违。

这些资料全都堆在办公桌上不加整理，时间长了就会杂乱不堪，导致我们无法快速地从一堆杂乱资料中找到需要的文件，造成时间的浪费。

如果发现自己经常在工作时花费太多的时间找资料，就意味着你需要动起手来，及时整理资料了。

资料整理不及时，容易带来三种问题

众所周知，问题刚出现时最容易解决，越拖到后面，处理的难度便越大，因为可能出现很多其他的问题。整理工作中的资料也是如此。以下这些不及时整理资料而导致的状况，你都碰到过吗？

丢失资料

同事微信发给你几份项目文件，当下你没有打开文件并下载，等过几天你需要用到这个文件时再去翻找，发现文件居然过期了，根本无法打开。无奈，你只得麻烦同事再发一遍。

这种情况，不仅浪费自己的时间，还耽误同事的工作。如果你当时迅速地把资料下载下来，存在相应的文件夹里，是不是就省掉了这些麻烦事？

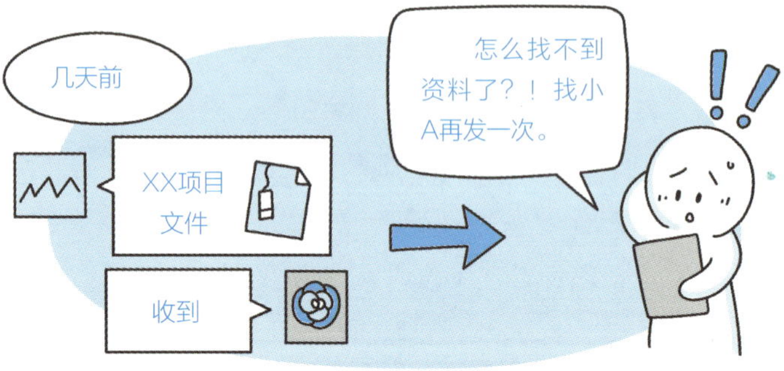

丢失资料

资料存放过于混乱

接过资料后随手往办公桌上一放，下载好的文件也习惯性地往电脑桌面一丢，等再去找的时候，左找右找就是找不到。“我放在哪里了？”“我明明记得是放在这里的啊？”你拼命调取脑海中残存的模糊记忆，最后在一个角落找到了它，足足花了几十分钟。

有些人是习惯随手一丢，有些人则是习惯把文件存在好几个地方，办公电脑存一份，公司的网盘存一份，微信文件传输助手存一份，邮件也存一份，但这份资料究竟存在哪里了呢？他得把四个地方都找遍了才能找到。资料如此分散，找起来就很浪费时间。

资料存放过于混乱

忘记资料内容

有些人记得随手整理资料，但他只是把资料放进去，并没有打开看，这就导致他对这份资料的内容完全没印象，很可能错失一些对他工作进展很重要的关键信息。

这种情况确实存在。有些资料实在是放得太久了，久到你连资料的名字都忘了，还得一个个点进去看内容，唤醒自己的记忆，才能确认是自己要找的资料，这样真的是给自己增加工作量。

上面提到的三种情况，都会导致我们花费很多时间在寻找工作资料上，进而导致时间的严重浪费，耽误工作进度，降低工作效率。因此，职场人一定要养成及时整理资料的习惯，这都是为了方便日后的工作查询以及文件使用。

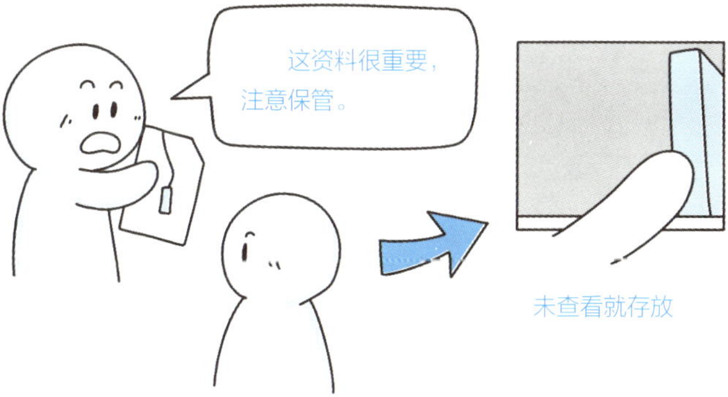

忘记资料内容

资料的及时整理，都是为了有效利用信息

不经过思考和整理的资料，都是没有用的资料。

想把资料转变成有用的信息，你需要及时对它们进行整理，这就是一个加工处理信息、输入信息的过程。只有整理过的资料，才会在你的脑海里留下印象，使你及时了解工作的进度等情况。

只要记住你在哪里可以看到详细的信息，当同事或老板问你项目相关情况时，你便可以比别人更快更好地调用这些信息，迅速做一个解答，给人留下工作靠谱的印象。

一份资料中，并非全部内容都对我们有用，你把其中有效的信息提取出来之后，就可以把那些无用的信息、无用的文件通通删掉，清一清自己脑子里的内存。通过定时整理大脑，有效释放大脑中的内存，可以不断地更新我们的认知，使大脑变得更轻盈。

注意，千万不要为了整理而去整理。我们整理工作资料，一定要带着明确的目的，这样才能达到有效整理的效果，不然整理了一通可能也是白费功夫。

另外，你也不要花费过多时间去整理资料，不要让整理资料的时间成本超过资料本身的价值，如果日后这些资料使用率很低，这些用于整理的时间就白白浪费了，这是一种本末倒置的行为。

掌握这三种整理原则，养成及时整理资料的好习惯

及时整理资料，是每个职场人都应该去了解、掌握的，这能帮助我们有效利用信息，提高工作效率。在整理时，我们可以遵循以下三个原则。

定期整理原则

如果在拿到资料的当下即时处理，有点不太现实，因为我们可能正在忙其他的工作。这种情况下，定期整理就是一个很好的方法。

定期整理，一是能够定时清理不需要的资料，二是为了方便归类。

比如每天工作结束时，你可以利用下班前的十几分钟，按照自己的习惯，及时整理和归纳今天用到的工作资料，电子文件就归类进文件夹，纸质资料就好好地放进收纳袋里，方便自己下一次查找时能迅速找到想要的资料。

一元化整理原则

一元化，就是将同类的物品放在一起。

比如关于工作的所有电子文档，你可以全部丢进一个“工作”的文件夹里；所有的发票收据，全都塞进一个专门放发票的收纳袋里。

也许你会觉得这样的分类很不细致，但这样做的好处是可以让你更容易地开始整理，因为整理起来太简单了，只需要全

部丢进一个地方就好了，所用时间很短，坚持做也不费力。如果是刚开始学习整理的职场人，可以先从一元化整理入手，然后再逐步进阶。

一元化整理的另一个好处就是能确保信息不遗失，无论你找什么，也都只需在一个地方寻找，这会让你非常轻松。

工作中的备忘信息就很适合采用一元化整理方法，如果密码网址有所变化，那就直接进行信息更正即可。

回顾整理原则

整理资料是一项长期的工作，我们需要定期回顾。在工作的空余时间，你可以看看以前整理过的资料，看看以前的文件内容，回顾一下这些内容的价值。

另外，你也可以将一些可以归类到一起的文件进行整合、合并，那些过期没用的文件就直接删掉，这样能使自己的文档看起来更加简洁。

这样做可快速整理资料，有效利用信息

工作中常用的资料应该触手可及

工作中常用的资料一般包括两种：一种是流动的资料，需要你进一步处理，比如还未报销的发票、等待签字盖章的合同、需要更新数据的销售报表等；另一种是随时要用的参考资料，

它们没有特定的待处理的需求，但你会常常翻阅，使用频率很高。

对于这些常用资料，我们需要把它们放在办公桌桌面上或者是办公桌下面的抽屉里，自己伸伸胳膊便能够到的地方，方便随时查取。

在整理的时候，使用透明文件袋装资料＋便笺备注，让资料查找清晰可见

准备若干个透明文件袋，所有资料分门别类装进不同的文件袋，即使资料只有一页纸，也要把它放进文件袋。

在文件袋侧边贴上便笺，写上项目起止日期和项目名称。目的是方便自己在不拿出文件袋的情况下，也能快速辨别哪一个文件袋是自己需要的。同时，将文件袋竖着收纳到一个大文件盒里。竖放不仅方便拿取也方便查看便签。

建议将文件袋按照“最新资料放手边”的规则进行排列，这样可以让你伸手就能拿到正在处理的最新资料。因为旧文件袋会被逐渐挤到向外的那边，所以如果要丢弃文件袋的话，可以从最外边开始选择。

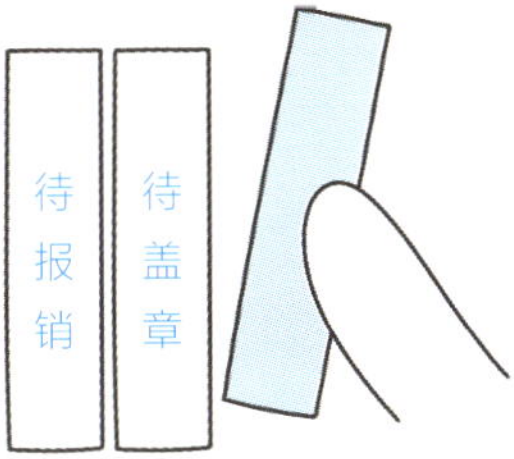

常用资料触手可及

处理流动资料的注意事项

流动资料是危险的，一不小心就会在办公桌上堆积起来，造成不便，因此要从源头减少流动资料的数量。

对于需要处理的资料，一定要放在办公桌的显著位置，时刻提醒自己尽快处理，避免遗忘。处理完毕的资料，要及时转交给相关同事，最好不要在自己手里“过夜”。对于不属于自己工作范围内的文件，立刻转给相应的人员，减少资料在自己这里的累积。

将重要却不常用的资料放进文件柜

已经处理完毕且需要长期保存的资料，我们很少会翻阅它们，把它们整理放进文件柜里是最好的处理方式，不能让它们杂乱地堆在眼前。

先把这些资料进行分类，你可以选择一种合适的方式，按照内容或时间进行分类，如“人员管理”“合同”等分类注明，然后根据不同的类别，把它们统统放进不同的大文件夹里，并在文件夹的侧面加上标签。

在此大类别的基础上，你还可以进一步给文件夹分类。比如大文件夹的内容是“客户管理”，你可以以客户的名字进行细分，也可以按照月份来细分。

为这些文件夹制作一份索引目录，便于更加细致地进行管理。将索引目录贴在文件柜最显眼的位置，务必使自己一眼就能看到。

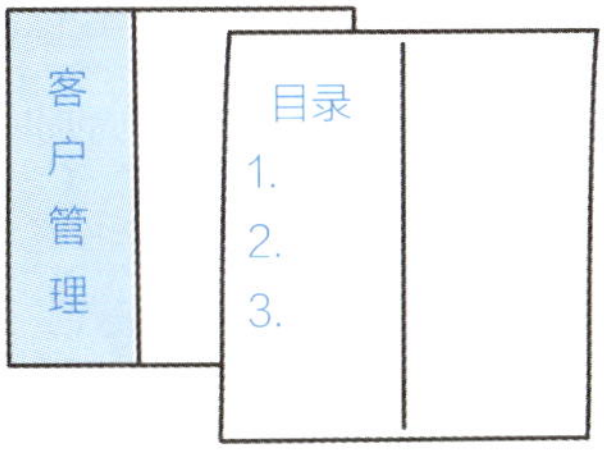

将重要却不常用的资料放进文件柜

索引目录包括一级标签和二级标签，例如有关具体工作内容的标签内，可以有不同项目的文件。注意，目录要层次分明，并将工作文件都包括在内。

举例：

（一级标签）“职工信息管理”

（二级标签）2020

（二级标签）2021

（一级标签）“项目管理”

（二级标签）×××× 夏季促销项目

（二级标签）××× 中秋节新品上新项目

将纸质资料电子化，有效减少办公桌的资料堆积

打印的纸质资料要毫不留情地废弃。这是日本作家小山龙介在《整理的艺术》一书中提到的观点。他认为，“既然是打印的纸质资料，电脑中就必然保留着原始的电子文件，同时保留电子版和纸质版，毫无疑问是莫大的浪费，所以开会打印的资料应该在会议结束后迅速处理掉”。

好几年前的资料也不要一直堆在办公桌上，把它扫描成电子版本或者进行电子存档吧，这样更加方便保存。

可以用打印机把纸质文件扫描成电子版，也可以利用扫描全能王等类型的 App，通过拍照扫描的方式，把纸质文件快速变成 PDF 电子版或图片。

纸质资料电子化，减少资料堆积

毫不留情地丢弃毫无价值的资料

一份资料从产生到销毁，就是它的生命周期。

一个工作项目刚开始的时候，对于所有的项目资料，我们都会好好地保存在文件夹里，方便自己随时查阅、有效利用信息；随着项目的不断推进，有些资料的信息我们已经完全掌握，无须频繁查看，但它们依然对我们有潜在价值；等到整个项目完全结束，工作成果已达成时，这些项目资料对我们来说已然无用，或许它们还有存档的作用，但现阶段它们的利用价值已经结束了。

了解资料的生命周期，一方面提醒我们，要好好利用资料，有效利用其中的信息；另一方面也告诉我们，要在它完全丧失利用价值后，果断地将其进行整理、删除。

对于不再具有时效性、重要性以及可利用性的资料，要及时整理或丢弃，为下一阶段的工作留出足够的时间。

丢弃毫无价值的文件

第二节 常给电脑清扫，远离宕机效率高

很多职场人的电脑都有一个共同特点——资料多且乱。

随手点进一个文件夹，密密麻麻地放满了资料，有时候一屏幕都不够，必须往下拉才能显示完全，而且图片、视频、PPT、WORD 各种格式都有，不同项目的文件，处理完的资料、还没处理的资料，都混在一起。

这种情况下，要想快速找到你想要的资料太不容易了，你需要从很多文件夹中甄别、发现你想要的那个文件。

如果你也被自己乱七八糟的电脑文件所困扰，那么这节内容会对你很有用，学会有效地整理电脑文件非常重要，不要担心，整理电脑文件这项技能一点都不难，每个人都可以学会。

整理步骤，先规划再分类

一个高效率的职场人士的电脑里的文件一定是分门别类、整整齐齐地摆放的，而且你随便问他要什么文件，他都能够迅速地从电脑里找出来发给你。

你也想成为如此高效率的专业人士吗？那么，除了具有整理文件的意识外，你还要拥有一套系统的整理文件的行为模式。

整理的第一步是规划。该如何整理、要按怎样的方式整理、整理的目的是什么、如何让整理之后的文件可以快速找到，都是你需要思考的问题。

规划之后，就要对这些资料进行分类。你需要把你要整理的所有电脑文件进行分类。一般来说，我们都是按照内容进行大分类，比如“工作资料”“个人资料”，与工作相关的文件，就全部整理进“工作”文件夹，然后在此基础上进行下一步细分。

选择适合你的分类方式

针对工作资料，不同职业的人适合不同的文件夹分类方式：对于项目专员，可以按项目分，比如A项目、B项目、C项目；对于经常处理数据资料的行政人员，按时间分类更方便，比如2019、2020、2021；销售人员接触最多的就是客户，可以按照A客户、B客户、C客户等进行分类。

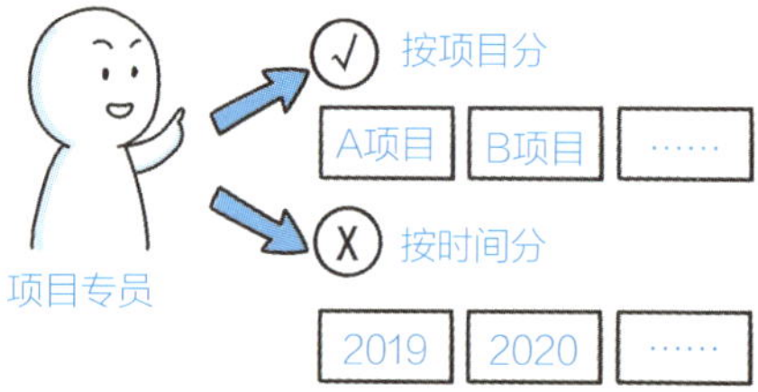

选择适合的分类方式

设计固定的文件夹模板

一般来说，日常工作都会有固定的工作流程。你会发现，即使是不同的项目，存放的也大多是固定文件。

比如说制作某个品牌合作推文，文件夹里一般都有“品牌资料”“选题规划”“配图”“推文初稿”“推文修改稿”“终稿”等内容；这时候，你就可以制作出一套固定的、可多次使用的文件夹模板，如此一来，每次开始新项目时，你就能立刻使用这一合适、完整的文件管理体系。

每个职位都会有各自固定的工作流程，都可以运用这一方法整理文件。通过使用固定的文件夹模版，我们可以高效地创建文件夹，还能避免文件遗漏，从而节省自己的时间和精力。

但这个文件夹模板并不是一成不变的，你可以根据个人需要对它进行优化和完善，进行文件夹的增加或删减。比如，作为文案你为推文创作找了很多素材资料，那么你就可以增加一个命名为“素材资料”的文件夹。

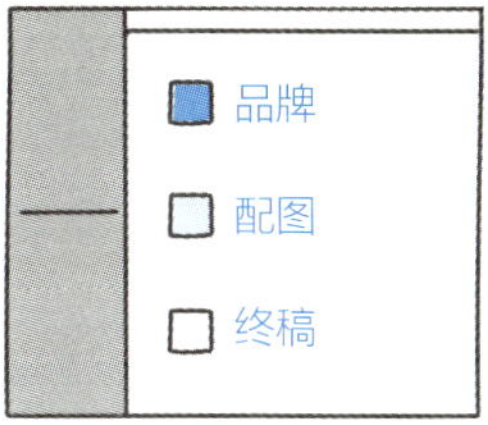

设计固定的文件夹模板

配合使用“快速访问”功能，方便快捷

电脑自带的文件管理器左侧，有一个快速访问列表。你可以将自己每天需要打开的、常用的、下载存储的文件夹固定添加到“快速访问”中，这样就不用每一次都点开很多层文件夹寻找资料了。

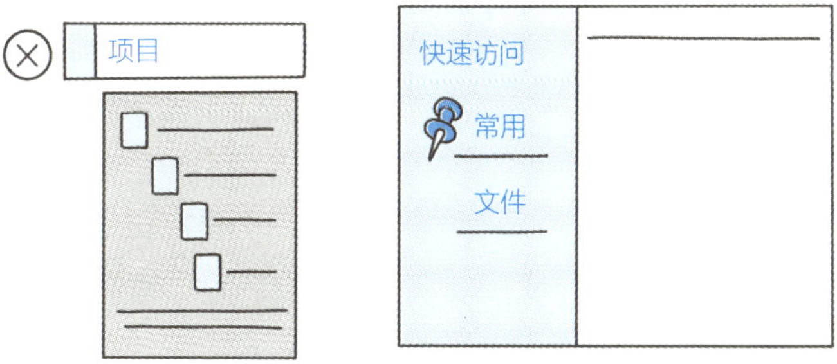

配合使用“快速访问”功能，方便快捷

注意，文件夹层级不要建得太多了，不要让文件夹套了一个又一个，这样打开一个个文件夹去看，非常没有效率。建议文件夹不超过三层，在目光所及的范围内横向平铺，让你对自己的工作一目了然。

正确给文件命名，给文件建立搜索线索

文件命名的重要性

命名是一种工作沟通的需要

很多文件的命名，让人不知道里面是什么内容，必须打开文件才可以确认内容，这样的操作很浪费时间。

文件的命名要做到让人一眼就能明白文件的主题。这一点在给同事发邮件时尤其重要，对方可以不下载文件并打开就能知道文件的大概内容，节约对方的时间。

以下文件命名方式，请勿使用。

无意义的默认文件名

如“新建文档”，很多刚入职场的新人完全没有命名意识，会犯这样的错误。

比较笼统的文件名

很难查找，比如“运营数据 .doc”。

使用字母缩写的文件名

比如“wxwb. xls”，也许当时你知道“wxwb”是“微信微博”的缩写，但一个月后回头看，说不定就完全忘记了。

方便快速搜索到所需要的文件

大部分人可能还是习惯双击文件夹逐层打开寻找文件，其实，现在电脑的搜索功能非常好用，面对电脑里越存越多的文件，通过搜索功能搜索文件名称的关键字便可快速定位文件位置。

但因为大部分搜索只能根据文件的名称来搜索，文档里面的内容是搜索不到的，若命名不规范或不合理，就可能导致搜索失败，因此，规范命名很重要。

区分版本的需要

有些文件改了很多个版本，我们需要区分每一个版本，以防修改版和最终版混淆。

最基础的命名规则：“文件内容+作者+日期”

我们以这个文件名“×× 品牌营销策划方案小王 2022. 08. 15”，来具体解释这个命名规则。

文件内容：为阐述文件的主题，清晰明了地让人知道这个文件的内容是什么，这里的文件内容就是“×× 品牌营销策划方案”。

作者：创建文件的人，即“小王”。

日期：当前文件的日期，即“2022.08.15”。

如果同一个文件你有多个版本，建议在文件后面加上版本号，方便不同版本之间的区分。比如“×× 品牌营销策划方案 小王 2022.08.15 V3”，意思就是这是 ×× 品牌营销策划方案的第三个修改版本，V 是版本“version”的缩写。

如果同一个文件会由多个同事经手修改，建议在文件名前面加上修改人及修改时间，比如“（20220816 小刘改）×× 品牌营销策划方案 小王 2022.08.15”，意思是 ×× 品牌营销策划方案，在 2022 年 8 月 16 日由小刘修改。

文件命名的注意事项

文件名别太长

有时候我们总想把所有要素都体现在文件名上，搞得一个文件名长达十几个字，这样其实很不利于后期查找。

图片如何进行命名

图片下载之后，名称通常是一串字母或数字，很难靠搜索功能查找，但图片太多的话，每一张图片都改名又不太现实。因此，对于图片，我们可以把图片分类后放进不同的文件夹里，通过对文件夹的管理来实现图片管理。比如你把一篇推文的配图全都放到一个文件夹里，给它命名 “20220608 推文配图”。

不要随意保存和命名文件

在给文件和文件夹命名时，我们要养成第一次就把文件保存到正确的位置且命好名字的习惯。千万不要先随便保存一下，随便起个名字，想着以后再修改，因为通常都没有“以后”了。

整理电脑文件的一些注意事项

删除无用文件

有些人很难判断一些文件是否还有用途，他们总担心这些文件说不定以后还能用上，因此不敢轻易将文件删除。可是，电脑文件如果不整理的话，会越积越多，毫无用处的文件放在电脑里，不仅占据电脑大量的内存，更会影响电脑的运行速度。

一般来说，以下文件你可以果断删除：

同一个文件的不同版本，初稿和过程稿可以放心删掉，已经确认的最终版才是需要保留的；工作时找来参考，最终却没有用到的临时素材，你可以放心删除，因为那些你已经用上的临时素材，会被挪到相应的文件夹里。

若整理时你实在无法判断这份文件是否还有价值，你可以向自己提问：“工作中我需要用到这个文件吗？”“这个文件还能对我的工作有所帮助吗？”对于上述问题如果你的答案都是否定的，那请删除。

删除无用文件

无论你身处哪个行业，是什么职位，都建议定期清理无用文件，可以每隔一个月、三个月或半年，删除文档的草稿和已完成的待办清单，清空电脑的回收站或垃圾箱等。

删除不必要的文件后，寻找你需要的文件就会轻松许多，而且也能使电脑释放更多动力，保持良好的运行状态，让自己更加高效工作。

清理电脑桌面

每次登录电脑，映入眼帘的都是一团糟，对很多人来说，电脑桌面就是一个“杂物间”。你是不是也习惯性地在桌面上保存了很多文件？

一般来说，电脑桌面包含常用软件和文件两大部分。

常用软件图标最好不超过三排，一旦超过就容易给人多、乱的感觉。最常用的几款软件可以直接锁定在导航栏（菜单栏），这样既方便使用，也不占用桌面空间；至于那些不常用的软件的快捷方式，就直接删除吧，等需要用的时候使用电脑的搜索功能搜索一下就可以了。

至于文件，桌面上可以保留你最近常用的一些文件资料，比如正在做的方案、等待处理的订购单、工作过程中搜索的参考资料等，方便你在工作时迅速找到。你可以将这些资料归类，分别归入“进行中”“待处理”“临时性”三个文件夹中。

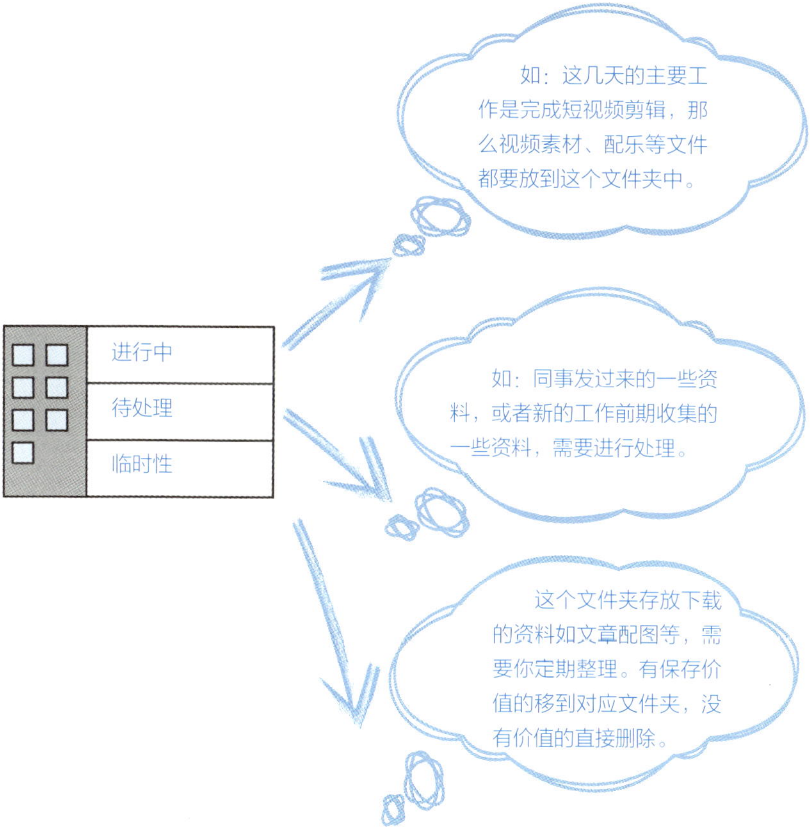

清理电脑桌面

定期整理

若想让电脑长期保持有序、整齐的状态，我们需要对电脑文件进行定期的分类整理。

定期整理的频率可以是每星期 1 ～ 2 次，可以周中一次、周五下班前一次，每次花费 15 分钟时间。在整理的时候，我们可以把重要文件进行网盘备份，这样可以保证自己的工作思路清晰，同时保证重要的文件不遗失，不受空间地点的限制调用文件。

不要总是想着“回头抽时间把电脑文件都整理一下”，这个回头大概没有实现的机会了，在想到的当下就立即行动起来吧。整理电脑其实不费什么心力，当你觉得工作累了，需要休息时，趁着休息的时间，不如对你的电脑来一次大清理吧！把不要的文件删除，把可以合并的文件合并，把没有归类的文件归类，整理的过程也会让你心情愉悦。

定期整理

第三节 如何整理出良好的工作环境？

你的办公桌好干净。

我喜欢把桌子整理干净，这样工作的时候心情也会好。

我也想整理，但总是懒，而且觉得整理很麻烦。

其实用完东西之后顺手整理一下就好了。

整理工作环境，也是整理工作心情

办公桌是我们工作的小天地，我们一天约三分之一的时间会在办公桌前度过。这小小的一亩三分地决定了你的效率和状态，因此，拥有一个良好的工作环境很重要。

一个凌乱的工位，不仅会影响自己的工作效率，还会影响心情，给同事和上司留下不好的印象。

办公桌整洁与否，反映了一个人的自我管理能力

其实，办公桌的摆设就像人的名片一样，直接展示了桌子主人的工作态度、思维模式和工作方式。

如果你看到一个人的办公桌乱七八糟，有用的、没用的文件占据了大量的办公空间，笔、本子、小零食也七零八落地散着，你会有什么感受？

美国明尼苏达大学研究发现："办公桌杂乱无章，并不是你的资本证明，而是你思维混乱呆滞、工作效率低下的象征，也是一个人内在品质的映射。"一个人身处的空间很乱，会间接映射出他的内在能量比较低，内心是不平静的，自我管理能力也不太好，看起来让人很不放心。一个人如果连办公桌都无法收拾干净，如何做到把工作处理得条理清晰呢？

一位客户看到合作对象的办公桌如此杂乱，也许会对他的职业信任度大打折扣，担心他工作会出现失误；领导看到自己手下员工的办公桌如此杂乱，会不放心给他更多工作机会；同事看到和自己共事的人办公桌如此杂乱，也会对他印象不好。

在一个混乱的环境中工作，人的注意力很容易被分散、打断，很难专注于当前的工作；由于所有的东西都无秩序，找起东西来很慢，会花费大量的时间在找东西上。

干净、整洁、有秩序的桌面能使人专心工作，进而提高工作效率。如果你想给大家留下专业的职业印象，整理好你的办公桌是必要的。

工作环境是否良好，直接影响工作时的心情

办公桌整理得是否整洁有序，能对人的工作状态产生影响。这会影响一个人的情绪，进而会影响工作效率，影响之大，超乎你的想象。

“桌子好乱啊，烦躁，我觉得我无法静下心来思考。”“桌子怎么能这么乱啊，我想趴两分钟休息一下还得收拾。”杂乱的办公桌会瓦解人的意志，我们的精力很容易被不需要的东西所吸引，使人变得烦躁不安。在这样的环境下很容易产生拖延心理，工作效率低下。相反，干净整洁的办公环境会让你的心情舒畅，从而以更积极的精神面貌面对工作，做事自然事半功倍。

另外，整理办公桌还是一个恢复精力给自己充电的好办法，如果你觉得工作很累了，感觉大脑已经无法运转了，不如适当地休息一下，通过整理办公桌的方式，既能让大脑得到休息，又能使环境变得整洁，从内心到外部环境给自己全方位充能。

每天繁忙的工作已经让人身心疲累，就别再让杂乱的办公环境给心情雪上加霜了，学会整理自己的办公桌，给自己留一方净土。

改变工作环境，从改变整理意识开始

很多人可能也尝试过整理办公环境，但结果往往是失败的。这主要是因为他们所谓的整理只是把办公桌上的东西挪一下位置而已。这不是整理，这是移动。

如果真的想拥有一个干净的、有秩序的办公环境，你需要改变对于整理的一些固有意识。真正的整理，是从心开始的。

询问自己：桌面上真的需要那么多东西吗？

在你开始收拾办公桌之前，先决定桌面上放什么东西，抽屉里放什么东西。

把东西收纳进抽屉，确实能帮你省出桌面上的空间，但如果你没想清楚就动手整理，结果可能会出现桌面上整齐、抽屉里乱七八糟的情况，你只是将混乱的情况由桌面转移到了抽屉。

为了避免这种情况出现，你需要问自己：桌面上最不可或缺的东西是什么？

一般来说，桌上应该只放现在用得上的物品，比如电脑、鼠标、键盘、电脑充电器、手机、手机充电器、水杯等，这样才能保障自己有足够的办公空间。

除去这些最不可或缺的东西，你再看看桌上的其他物品就会发现，原来桌上有那么多用不上的物品。你可能觉得自己早晚能用上，实际上它们根本没派上什么用场。

整理办公室是一个需要我们对物品做出取舍的过程，通过这种整理意识的锻炼，我们会逐渐有意识地去掌控自己的工作空间，掌控工作时间，提高工作效率。

纸质资料电子化，节省办公桌大量空间

我们总觉得一些纸质资料未来可能会有用，舍不得扔，最后累积了厚厚一沓，既没有用上又占据了很多空间。

纸质资料的缺点有很多：占地方、不方便收拾、无法随时随地查阅。有时候会遇到你在外出差，紧急需要的资料却放在办公室的情况，让人心急如焚，这种时候如果有电子资料就好了。

在整理办公桌时，我们不如换一种思路，既然需要核心保存的是内容，纸质文件只是一种保存形式，何不选择其他更方便的方式来保存？选择将纸质资料电子化，就可以轻松解决这些问题。电子资料更便于管理和携带，若需要纸质资料的时候，直接打印即可。

你可以使用这两种方式处理纸质资料：

立即扔掉

其实很多纸质资料的保留非常没必要。比如为开会打印的资料、一些品牌宣传手册等，它们若有电子版本，你可以毫不留情地扔掉它们。

扫描或拍照或记录到表格，进行电子化

一些纸质合同可以扫描成电子文件在电脑里存档，而其他的纸质资料，建议只保留自己认为需要的部分，拍下这部分你需要的资料，在电脑里存档。

对于一些需要随时进行检索的资料，比如客户的名片信息

等，直接录入 Excel 制成表格，名片即可丢弃，这样也可以多腾出一些空间。

这样做，让工作环境干净又舒适

一个整洁舒适的办公环境，除了桌面上要减少杂乱感，东西要摆放有序、布局要合理外，一些能提升办公环境舒适度的小物也必不可少。

下面将一些办公桌整理小技巧分享给你们，希望你们都能拥有一个干净整洁的工作环境。

梳理办公桌上的所有东西，精简你的办公用品、私人用品

开始整理之前，先清点一下办公桌上的所有物品。

电子产品
办公电脑
充电器
办公用品
文件夹
便利贴
胶带
饮用杯子
喝水杯
咖啡杯
茶杯
食品
饼干
糖果
护肤品
护手霜
喷雾
润唇膏
生活物品
纸巾
靠枕

办公桌常见6类物品

列出所有物品的使用频率：哪些是每天都要用的，哪些几天才用一次，哪些一次都没用过，然后精简出少于 20 种物品留在办公桌上。剩下的东西你就可以统一收纳起来，移到不占用空间的地方，或者是丢掉。

为什么是 20 种？因为如果持有的物品超过了 20 种，就超过了人可以把握的界限，我们就无法做到看一眼就能马上找到自己所需的物品。

桌面整理和抽屉、桌下收纳，让每样物品都有固定位置

桌面整理

办公桌是工作平台，不是存放物品的仓库，桌面要尽量整洁。桌面上的东西越少越好，只留像电脑、键盘、充电器、手机、水杯等必不可少的物品，给桌面留足可使用的空间。

你可以根据个人的使用习惯放置物品，给每样物品一个固定位置。

桌面整理——只留必需品

抽屉收纳

办公室的抽屉柜通常是三层，可以采用三分法。

最上面的抽屉：放置最重要的文件，因为要经常用到，要便于拿取。文件最好按照时间排序放置，把最近的文件放在最上面，最旧的文件放在最下面，这样你寻找文件时，就可以顺着时间这条主线往下找。

中间的抽屉：放一些零碎但使用频率很高的办公用品，可以利用分格收纳盒，归置像办公用具、名片、便笺等零碎小物件，这样不仅方便拿取，也能让抽屉整洁很多。

最下面的抽屉：放置你心里不确定有用还是没用的文件，因为很少用到，放在那里，可以不用管它。

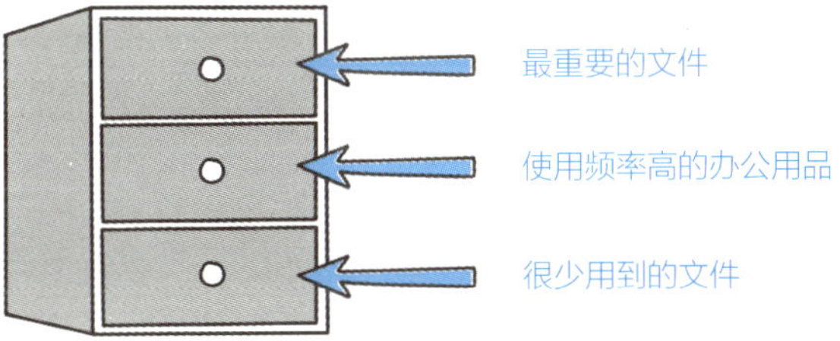

抽屉收纳

桌下收纳

如果桌面空间很小，抽屉能放置的东西也有限，你可以有效利用办公桌下方的空间，把物品收纳在桌子下面，这样物品就不容易进入视野，给人一种办公桌环境整洁的印象。这就需要用到一些适合桌下收纳的物品，比如桌下抽屉，轻便又方便移动，存取也方便。

桌子下方的空间非常适合存放不经常使用的文件和材料。此外，你还可以用桌子下方的空间收纳通勤包、室内鞋子和室外鞋子等物品。

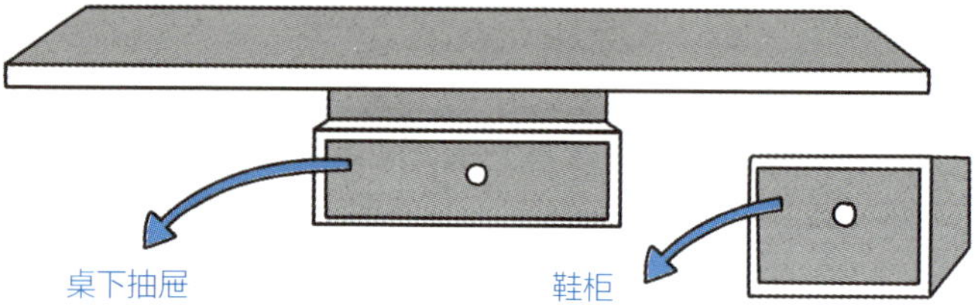

桌下收纳

保持办公桌整洁的状态

很多人觉得办公桌刚整理干净，一会儿又变得乱糟糟的，频繁的整理让人很心累，觉得这样的整理没有什么意义。想要物品整洁有序重点不在于整理，而在于保持。

整理不及时，容易导致办公桌再次变乱。你可以将每一样物品放置在固定的位置，用完之后就及时归位，不乱拿乱放，养成随手收拾的习惯，整理工作就会在无形中完成。

最好在每天下班前，留出适当的时间，收拾一下办公桌，把一天使用过的东西放回原来的位置，这样第二天上班时就不会因为办公桌太凌乱而影响一天的好心情了。

根据喜好，简单布置办公桌

办公桌上除了工作文件之外，还可以添置一些让自己心情愉悦的小装饰，让自己的办公环境更有生机活力、舒适又温馨。

比如，在电脑旁摆一盆喜欢的绿植，感受大自然的气息，工作累了，看看生机盎然的绿植，可以放松紧盯电脑屏幕的双眼；在办公桌上放一束鲜花，工作累了抬头便能看到它，心情会放松许多；摆一个自己很喜欢的个性小摆件，比如动漫手办，展示个性的同时也给桌面增添一些亮点。

第四节 让进行中的项目清清楚楚

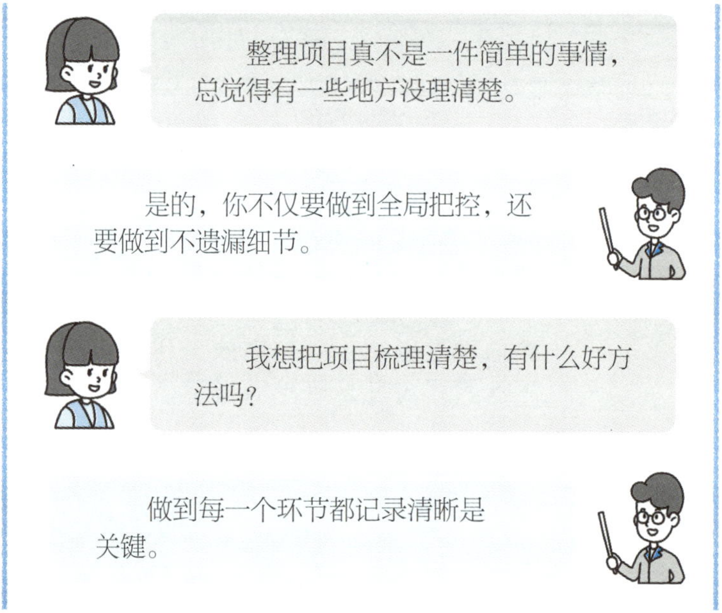

一个项目正在进行中，我们常常会面临项目中出现各种混乱的情况。

比如同事A没有及时上交工作成果，同事B搞错了需求，各种问题层出不穷，关键是你还找不到问题的根源，真让人头疼。

职场中，要想管理好一个项目，让进行中的项目方方面面都清楚，并不是一件简单的事。你需要在每个环节都做好整理，包括需求整理、任务整理、人员整理、时间整理等。

在项目前期进行准备工作时，我们要做到明确客户的需求，明确整个项目最终要达成的目标；在项目执行的过程中，我们不仅要从宏观的角度整体把握项目的执行进度，发现问题时及时进行调整和改进，也要把握细枝末节，对每个分解的工作任务的提交时间、具体执行人做到了如指掌。

当你全方位地掌握了这个项目，每个环节都梳理清晰，在问题发生时，你就能够迅速梳理出问题的根源在哪里，然后迅速解决问题。当领导或同事来询问你项目情况时，你也能够迅速地提供有效的信息。这是高效作业的一个关键。

无论是项目的管理者，还是项目中一个小任务的执行人，都需要把自己经手的工作全部梳理清楚。只有项目中的每一个环节都正常运转，才能推动整个大项目顺利进行。

下面就让我们跟随项目的每一个阶段，来看如何做到顺利地推进项目吧。

前期准备：了解项目背景，是让项目顺利进行的前提

我们去著名景点游玩，看到了一尊石像，如果你不了解关于这个景点的任何信息，它在你眼里就是普通的石头罢了；如

果你了解石像背后的历史和故事，那它就不是一尊普通的石像，你会惊奇原来它身上还有这样的故事，你也会对它有更加深入的了解。

而项目背景就是这样的存在。刚接手一个全新的项目，我们首先要做的就是了解这个项目的背景，站在客观的角度观察行业、政策、竞争者、客户、技术等方面的情况，进行一些基础问题的收集。

有些项目涉及很多行业，也许有些行业你之前从未了解过，通过了解项目背景，可让你对整个行业的情况在概念层面有个大致了解，熟悉行业中的一些专业名词，并且了解项目的目标客户和客户人群、客户的期望和诉求、业务的痛点、客户希望达成的目标、项目的范围边界。

如果你只看到客户提出的需求本身，就贸然接下这个需求，而不去深入了解需求的背景，很可能就为后来的项目执行埋下一个隐形炸弹，出现公司根本没办法完成的项目情况。而项目一旦失败，不仅会让项目人员失去信心，也会失去客户的信任。

只有在深入了解项目背景之后，你才能够更好地理解需求，为下一步的方案策划、执行工作奠定良好基础。

如何有效了解项目背景呢？项目发起人一定是最了解项目背景的人。

有些项目发起人会主动且详细地和你讲解项目背景，这种情况是最好的。如果遇到只说项目需求而未提及项目背景的客户，那么你一定要想办法和项目发起人或主管领导进行沟通，哪怕只是半个小时，了解清楚他们做这个项目的本质意义和想要达成的目标等，这些都是基础、关键且重要的信息。另外，搜索最近几年的行业报告并仔细阅读，这对你了解这个行业也有一定的辅助作用。

需求整理，让整个项目的主要目标不跑偏

了解项目背景，有助于我们对项目需求有更深入的了解和认识。

接下来就是需求整理的环节。把需求整理得清清楚楚，明确整个项目的大方向，是重中之重。这是客户想要达成的目标，也是我们整个团队想要共同达成的目标。

形成条理清晰的需求文档，方便项目人员查阅

大多数广告公司在需求整理这方面有一个完整的流程，可以做到需求清晰明了。在甲方客户提出项目需求后，广告公司的对接人就会把甲方的工作需求形成一份书面的简要材料，上面会注明工作的内容、目标、预算、完成时间、负责人等事项。

写书面的简要材料的目的就是把客户的需求落实成文字，方便传给所有相关同事，让他们明确整个项目的需求是什么，也方便之后的查阅。

互联网公司的项目经理，也会用类似方法，如用需求文档的形式明确开发的需求，方便让程序员明确开发的需求和功能。

形成条理清晰的需求文档，方便项目人员查阅

明确传递需求，派发任务

客户的需求明晰之后，接下来就是把工作任务派发下去，让具体执行人去执行。

如何能够清晰明了地派发任务呢？最好的方式就是先写一个 brief 文档发给对方，等对方浏览之后，你再具体地给他讲解一遍。

举例：

客户需要一篇微信公众号推文，你作为对接人，要先了解客户的需求是什么，这篇文章的目的是什么、针对哪些人群、偏向什么样的风格、有没有风格参考，客户会提供哪些素材，以及文章大概的内容形式如何、发布时间是什么时候等。

把以上这些内容都整理进 brief 文档，发给下一步的具体执行人。

发完 brief 文档后，要尽快通知具体执行人查收，最好再面对面地和他从头到尾讲一遍需求。直接沟通的好处是可以当面解答关于需求的任何疑问，让全部需求清清楚楚、明明白白。

有些甲方客户在提需求时，习惯直接拉上项目负责人及相关同事，以会议的形式直接讨论需求。口头需求往往不太靠谱，很容易出现信息丢失的情况。面对这种情况，我们需要自行整理一份需求文档，或把需求内容直接整理进会议记录里，在会后以邮件形式发给客户，让他再次确认需求内容，以有效避免需求不明确、需求理解不统一、信息遗漏的情况。

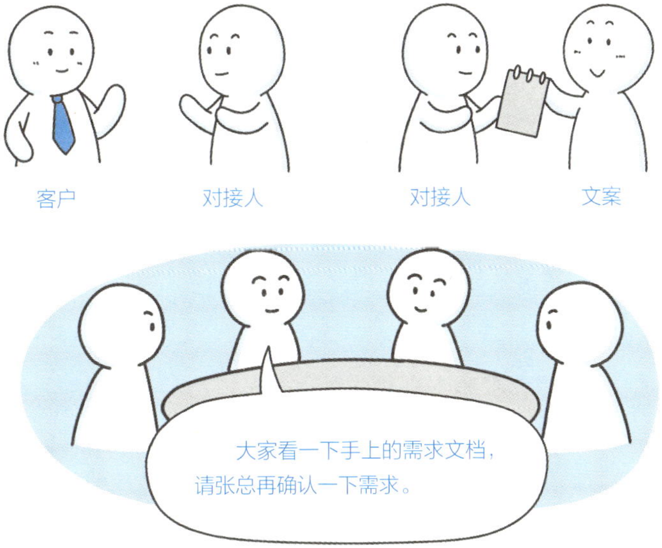

明确传递需求，派发任务

需求变更的情况在项目中也很常见。因此，做好需求文档的版本管理非常重要，所有讨论确认的需求都必须更新到版本管理上面并统一维护，避免需求混乱的情况出现。

中期执行：任务整理及人员整理，明确角色和分工

为了让项目能够顺利进行并获得成功，工作中要有明确的分解计划，需要将全员可见的大任务分解成一个个小任务，并对每一个小任务制订一个完善的计划。

作为项目管理者，你需要完成对所有参与项目人员的任务分配，明确每个人在项目中的主要角色以及他们的具体职责，把每一个小任务分配给具体的人去完成。

想要确保分工得到确切落实，必须做好三件事

首先，找一个合适且靠谱的人，你需要知道什么样的人能很好地完成这项任务。

其次，传递需求时，确保自己把事情说清楚，对方也听明白，包括时间要求、质量标准及要有什么成果等，在执行每个小任务时，每个人都要确保项目的每项工作都是在为实现项目总目标做贡献。

最后，及时做好成果检查。即使是合作很多次的同事，也不能因为相信而不检查工作成果，检查之后才能心中有数。

举例：

针对一次产品上新的宣传活动执行，客户希望多平台进行宣传推广，宣传物料包括推文、海报、视频等，一个粗略的项目人员及任务分配如下：

时间整理：制定项目排期表

保证一个项目能按时上线最主要的措施就是项目排期表。项目排期表就是在一张 Excel 表格中记录每个需求相关方需要做的事情，以及起止时间。

制作项目排期表的好处在于，把工作流程可视化，能够以最直观的方式组织明确，通过合理安排顺序和分工，让每一个项目参与者明确自己的工作内容和交付时间，从而让工作更直观、更高效。

举例：

以一篇品牌微信推文推送的排期表为例，教你们如何进行排期表制作。

团队角色：客户执行 A、文案 B 和设计 C。

工作流程：客户执行 A 将需求告诉文案 B→文案 B 创作推文→设计 C 根据文案进行长图以及动效制作→客户执行进行文章排版→成功发布。

当然，每一步的文案、设计，以及文章排版后的预览都需要客户确认后再进行下一步，防止出现工作都做完了客户要求大改动的情况。

排期表的内容如下：

①列出所涉及的部门，如创意部、设计部等。

②列出部门之下细化的每一项工作任务，如文案提交、设计提交、推文发布。

③列出每项工作任务的主要负责人。

④列出项目的起止时间和交付时间，这里的时间一般会具体到每一天。

⑤中间的内容，一般用不同色块来表示时间，看起来比较直观。

⑥如果需要，可增加备注，记录一些工作中需要提醒的事项。

以一篇品牌微信推文推送的排期表为例，表 5-1 是一张比较简单、涉及人员较少的排期表。

表 5-1 项目排期表

XX月XX日微信推文排期表								
工作内容	执行人	时间						
		8月12日	8月13日	8月14日	8月15日	8月16日	8月17日	8月18日
		周五	周六	周日	周一	周二	周三	周四
文案提交	文案B							
设计提交	设计C							
推文发布	客户执行A							

注：表示工作时间，表示交付时间，表示休息。

如果项目非常复杂，所拆解的任务也很多，涉及多个部门，可在排期表中最左侧增加一列“部门”，再做进一步的划分。另外，也可根据需要增加协助人、协同部门，使整张排期表的内容更加清晰、充实。

排期表把每一个小任务的时间安排都整理得清清楚楚。

如果在项目进行过程中，客户需求方面有任何变动，这张排期表也可以随时灵活变动。

但是，切记不要轻易更改项目排期表的时间，制定排期表的目的就是规范执行人的工作管理，不然，以后再排期，执行人就不会遵守了，因为他们知道可以不按时完成任务，反正可以改排期。

成果整理：以排期表为基础，查收工作成果

项目管理者要及时检查分解任务的完成情况，做到第一时间审核，对分解任务进行评估和总结，对于重要的工作成果，建议多人审核，综合评估。

一般来说，可从以下几个方面进行成果评价：

1.工作是否按时完成

2.预定的目标是否达成

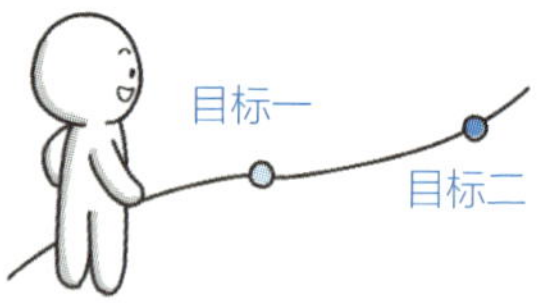

3.实施过程是否存在问题

另外，针对多人作业的项目，我们可以通过项目会议进行成果查收。会议上，负责不同工作内容的同事除了汇报当前工作进度以外，还要提出工作过程中遇到的困难，这方便项目管理者根据检查情况调整任务目标、资源、进度，并修改计划。

项目会议的频次控制在一周一次最佳，这样大家都能抽出时间参加，项目也会有一定的进展。

会议记录同样重要，以下内容都需做到记录全面、整理清晰：

1.可用本子、笔、录音笔记录讨论内容

2.共同探讨的问题以及解决方案

3.下一步做什么、如何做、截止日期

会议记录要抄送给项目所有人员，做到信息传递及时。

而项目中所有涉及的资料，无论是需求、会议记录，还是每个关键节点的最终版成果等，都要整理得清清楚楚。最好的方法是每个人在完成工作任务后，把最终版传递到公司的网盘上。这样，每个人需要的时候都可以登录网盘查看、下载，既方便又快捷，不需要再去找对应的同事要资料了。

第五节 整理你的思绪，比整理任何东西都重要

感觉自己大脑一直没停过，各种思绪在飞。

工作的时候也总是这样吗？

是的，所以我总是分神，没办法专注。

你可以试试整理一下自己的思绪。

整理思绪，给大脑做减法

我们的大脑细胞非常活跃，研究发现，每人每天大概会产生七万个想法。七万个是什么概念？这意味着我们的大脑无时

无刻不在产生想法，而其中绝大多数想法对我们来说都是无用的，反而会让我们思维混乱。

尤其是职场人士，思维混乱更容易导致注意力下降、工作效率低下。如果你想让自己从思维混乱转变为头脑清晰的状态，需要经常整理你的思绪，整理你的大脑。

多给自己时间整理思绪，释放工作压力

你正在专注地工作，一些思绪突然在脑海里出现："刚刚老板的语气不太对，不会对我有意见吧？""我怎么这点小事情都出错？""工作好多，好烦……""什么时候才能下班？"

这些思绪出现之后，短时间内很难消失，尤其是当你告诉自己"不要想了，专心工作"的时候，这些思绪反而变本加厉，使你越来越无法专注，对工作造成严重干扰。

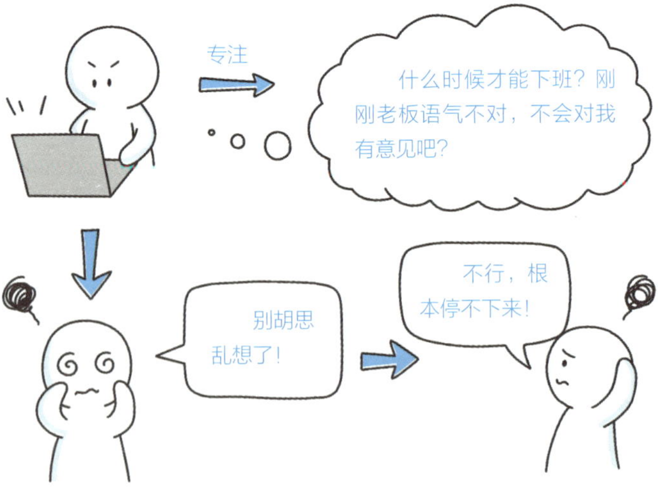

出现这种情况的原因是，你没有让自己的大脑专注于做一件事，这时候你的大脑会同时专注很多事情，结果就是你被困在各种与工作无关的想法里，你的大脑尤其会选择专注恐惧和负面思绪。

各种负面思绪会带来严重的心理负担，让你陷入焦虑、高压的状态，使你无法以一种积极的状态继续工作。

电脑用久了运行速度会变慢，因此我们需要定期清理电脑里的垃圾，删除不必要的文件，让电脑重新回到之前顺畅的运行状态。

人的大脑也如同电脑一样，充斥着各种想法和思绪，如果想要大脑思考问题时更专注、更高效、逻辑更清晰，你需要定期整理各种想法和思绪，给大脑做减法。

但有多少人会选择定期清理自己的大脑呢？

定期整理思绪，锻炼思绪整合能力

七万个想法中，除了很多无用的想法，也有一些想法是能够为我们所用的。

好的思绪可以带给你灵感和启发，帮助你思考如何有效解决工作中遇到的难题，即便问题还没有具体的解决方案，你也已经在思考如何解决问题可以实现效益最大化。

好的思绪也能帮助你更好地理解、吸收知识，把工作中学到的经验、书中的理论技巧全都内化并转为实践，延伸应用改善你的生活、事业、工作、人际关系等。

对我们来说，这些思绪都是极好的资源。为何我们不充分地利用这些资源呢？有时候这些想法虽然存在，但它们过于零散，如何将其充分利用并得到自己想要的结果是一个问题。

通过整理思绪的方法，可以帮助你调取这些有用的思绪。我们可以针对大脑进行刻意练习，增强大脑对于思绪的感知和调取能力，让我们对自己的大脑更有掌控力，更清楚自己的所思所想。如此反复练习之后，在工作中你便可以高效地利用大脑进行运作。

三步走，整理思绪一点也不难

整理界有这样一句话："整理看得见的物品，改变看不见的世界。"无论是有形的物品还是无形的思绪，我们都可以利用整理术来帮助自己做出积极的改变。

因此，整理思绪的步骤和我们平时整理办公桌、整理文件的思路差不多。运用整理的三大步骤——清空、分类、筛选，就能够帮你理清思绪，走出混乱的思维。

清空

清空大脑的第一步，就是大脑转储。大脑转储就是将大脑中能够捕捉到的思绪完全转移到其他存储介质，如纸张或计算机硬盘。

当你觉得大脑一片混乱，千头万绪时，从身边拿一张纸和一支笔，或打开电脑，把这些想法一条一条全记录下来，这是最好的办法。这个过程就是清空。

你会发现，每写下一个大脑中的想法，你的大脑仿佛就轻盈了许多。当你将大脑中的想法全部清空时，大脑也将从重负中解放出来。

分类

通过做一个有效的大脑转储，你就可以释放大脑试图存储的所有信息。接下来就可以对思绪进行分类，这需要花费你一些时间。

在分类的过程中，你可以发现自己的思想主要集中在哪里，“哪些思绪是和工作有关？”“哪些是我想要尝试的新想法？”“哪些是要尽快处理的事情？”你可以通过问自己这些问题对思绪进行分类。你可以将思绪分成工作和生活两大类；也可以按照紧急重要程度来细分——重要紧急、重要不紧急、紧急不重要、不紧急不重要（四象限法）；将思绪分为积极的、消极的、中性的，也是一个不错的思路。

当然，如果有些思绪太过杂乱，不好归类，你也可以给想法们添加一个杂项分类。

一个有效的思绪分类会让你专注于重要的事情。有时候，你写下的东西可能与现在不相关，但将来你可能会需要它。

筛选并把想法变成待办事项

这一步就是将想法落地，不再让想法在脑子里飘来飘去。选择那些需要去做的事情，并将其转变成待办事项，至于那些让自己消极被动、意志消沉的没用的思绪，就果断地把它们过滤掉吧。

对于那些需要今天执行的想法，那就给自己设定一个具体的完成时间。比如下午 4 点，去找财务盖合同的章。

如果是给客户回一个紧急电话这种事情，那就直接去做吧，不用设定时间了。

更多时候，我们脑袋里的“想要去做”是一个长线目标，比如学习一项工作新技能、减肥等。

这是一个长期学习的过程，需要我们制订学习计划，通过一点一滴的行动来接近最终的目标。

学会整理思绪，提高工作效率

当你感到工作压力时，最好的方式不是逃避问题，而是整理自己的思绪。通过整理思绪，你可以透过事情的表面，发现自己真正担心的问题是什么，从而对症下药。

要想有效整理思绪，你需要进行耐心的练习，自觉地从一件件小事做起，慢慢成长。以下几个方法可以有效整理思绪，希望能够帮到大家。

做笔记

上文提到过用笔写下脑海中出现的疑问和想法来帮助整理思绪。做笔记就是一个入门简单轻松、很实用也容易坚持的方法。

《零秒思考：像麦肯锡精英一样思考》一书对做笔记的方法进行了详细的介绍，作者建议我们每天用 10 分钟时间来做笔记，这能帮助我们有效整理思绪。

具体如何做？

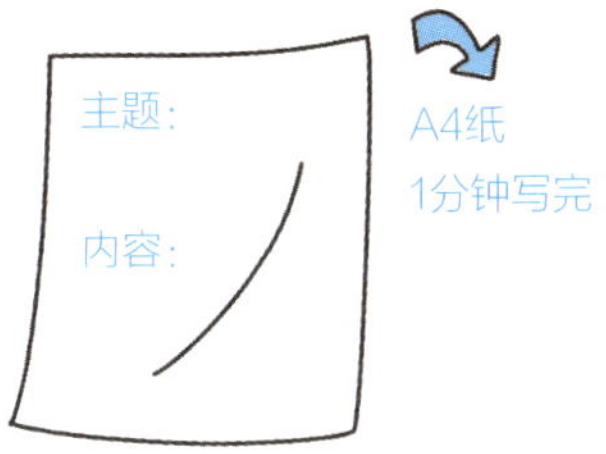

做笔记

将几张 A4 纸放在自己面前，给每张纸定一个主题，每张纸写 4 ～ 6 行，每行写 20 ～ 30 个字。注意写每张纸所用的时间要控制在 1 分钟以内，每天写 10 张。

至于写的内容，没有限制，想到什么写什么，开心的不开心的都可以写。

举例：

主题：“为什么我的工作效率很低？”

内容：总是摸鱼，做一会儿工作就想玩手机。我的注意力不集中，需要改进；一看到有新邮件进来，我就忍不住点开看，然后就去处理邮件，手头的事情反而搁置了；上午不想工作，下午昏昏欲睡更不想工作，我好像没有精神抖擞工作的时候；今天的 To do list 又没做完，这是因为什么？有一项任务我已经连续推迟 3 天了。

做笔记的好处在于事后你可以分析你的记录内容，去思考、去反思，以上列举的每一个内容，你都可以进一步分析，以判断这个想法是否有价值，如果没有价值，就果断地把其放弃掉。

思维导图

如果说做笔记是帮你梳理所有的杂乱思绪，那么思维导图可以帮你专注某一件事情，进行发散性思维，把你的所知所学全部调动起来、串联起来，最终得到一个思维清晰、逻辑清晰的结果。

在开始思维导图之前，你要先问自己一个问题：这个思维导图需要帮助解决什么问题？

带着问题去思考，能帮助你更有效地把与中心思想相关的信息筛选出来。

使用方法：

1. 把零散的想法记录在白纸上，然后围绕这个想法展开，不断建立分支，不断发散出去，最靠近中央关键词的分支建立好之后，可以继续进行向外发散，继续建立下一级的分支。

2. 当你将整页纸都写满时，你就可以从中找出适用的关键词进行串联了。通过串联，就能得到你想要的结果了。

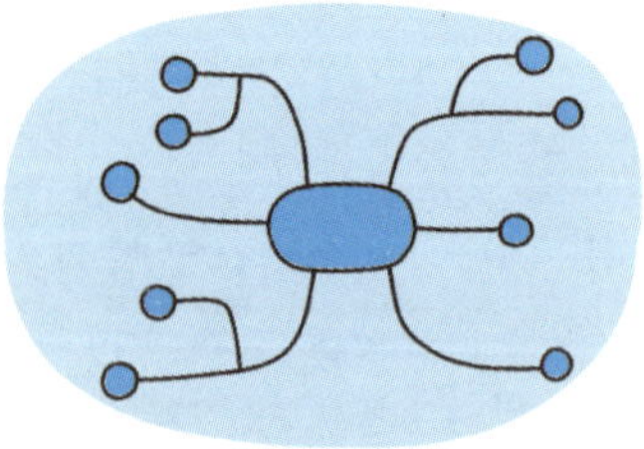

思维导图

很多人会利用思维导图软件来记录，也有人喜欢在纸上涂涂画画，形式随意，重要的还是使用思维导图这个工具的人的思想。

思维导图是对内容的重新整理和归纳，而不是简单地把想法罗列出来。你需要把所有的思路串联起来，并试着用自己的话来表达。

正念冥想

正念，是心在当下的意思，是一种有意识的、对当下不带评判的觉察。

正念冥想就是一种帮助大脑休息的技巧。我们总是在忙，每时每刻都在做着事情，我们很少完全地停下来，什么也不做，只是专注当下。

正念冥想

正念冥想可以让我们暂时停止关注外在的事情，暂停急匆匆的脚步，让我们只专注当下，花几分钟的时间向内看，梳理自己混乱的思绪，更好地了解“我们到底是谁”。

在冥想的过程中，你会专注于呼吸和大脑中的思绪，你会理清自己的思绪，以一种放松而专注的状态感受它、观察它，你会慢慢识别其中的运作模式。

正念冥想适用于那些情绪焦虑、有压力的职场人，可以让你专注当下并提升专注力。网络上有很多正念冥想的跟练视频，大家可以自行搜索，体验一下正念冥想所带来的平静、祥和。

转移注意力

有时候，当我们思考得越来越深入时，你会发现，思绪一直受限于原有的一个框架，自己陷入思考的迷宫出不来。一旦发生这种情况，强硬地继续思考想要把结解开，不是一个好方法，反而会浪费时间。

这时候转移一下自己的注意力吧，不如把手头的工作放一放，先去做另一项任务，说不定再次回来做的时候，就会有新的解决方法。

你也可以暂时离开当下的环境，比如给自己倒一杯水，或下楼走一走，即使是呼吸几分钟的新鲜空气也可以给你带来很多好处，改变周围的环境也可以给你带来另一种心情。你还可以去做自己喜欢的运动，当你的注意力全部集中在呼吸、肌肉发力、挥洒汗水的时候，你就会忘记那些乱七八糟的思绪，这对你后续处理事情的专注力会有提升。

转移注意力

实操贴士

——接到紧急出差任务，只有一个小时收拾行李，怎么办？

在时间如此紧张的情况下，如何又快又好地收拾行李箱，非常考验我们的整理能力，包括整理收纳的能力，以及整理思路的能力。

虽然时间很紧急，但我们要牢记一个道理：急事慢做。事情越紧急，你越要仔细思考之后再行动，千万不要因为着急而乱了分寸，人在慌乱的情况下很容易丢三落四、顾此失彼，这样反而更加浪费时间。

因此，在收拾行李箱之前，我们先把整理的思路理清楚，做到有计划、有目的地收拾行李。如果你思路清晰动作快，一个小时整理行李箱绰绰有余。

理清思路，行李箱里需要放什么

临时出差，携带的东西要少而精。由于此次出行的主要目的是出差，因此与工作相关的东西是必带的。其次是生活用品。如果你担心自己会漏掉什么东西，可以列一张出差清单，方便查询和核对。

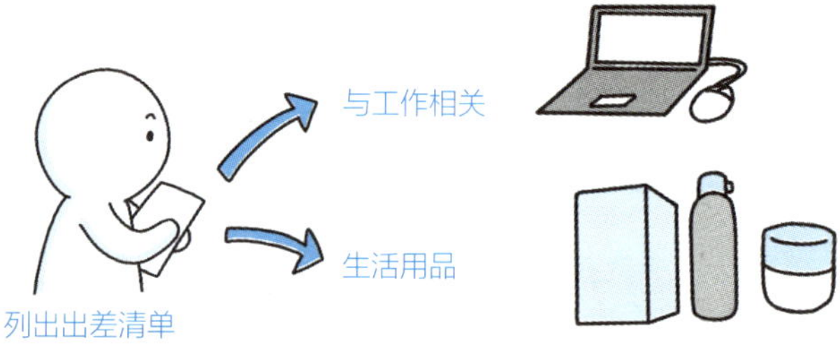

理清思路

开始整理物品

工作物品

这是最重要且一定不能忘带的东西，包括此次出差要用到的工作资料、笔记本电脑及其电源线等。

证件

身份证、护照（如果是出国则需要），保证出行畅通。

生活用品

洗漱用品：洗面奶、洗发水、沐浴露、牙膏、牙刷等，女生还要带化妆品，男生要带剃须刀等。注意，这些东西最好不要带原瓶，原瓶又大又重，占空间又费力，家中常备一些小样或分装瓶，装上够出差用的量就可以了。

换洗衣物：贴身的内裤、袜子以及换洗的衣服。记得先确认好到达地的天气，方便衣服的选择，如果天冷了就多添一件厚外套，天气热就带上短袖。

巧用收纳袋

常备出差旅行小包

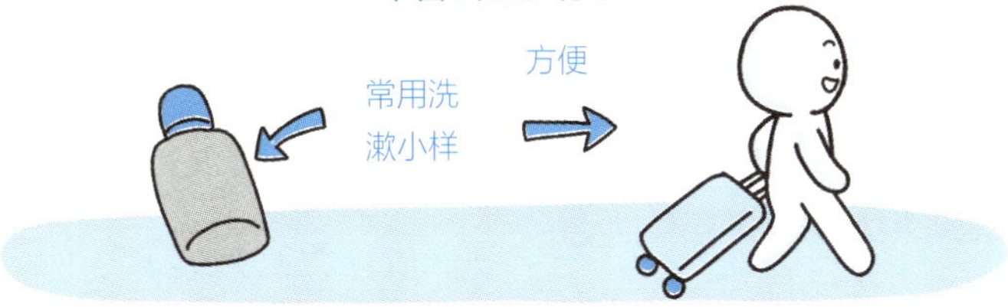

巧用收纳袋

准备多个收纳包或收纳袋，把东西分类装好，将同一类别的东西放在同一个收纳袋里。比如洗漱用品都装进一个收纳包；内裤一个收纳袋，袜子一个收纳袋，换洗的衣服一套一个收纳袋，再统一放进一个衣物收纳包里。这样你在收拾时，直接把几个收纳袋和收纳包放进行李箱即可，看起来整洁且有秩序，方便你找东西，也让行李箱不再杂乱。

如果所有东西全都零散放置，不仅放进行李箱时要花时间进行收纳和整理，之后找东西也很不方便。

出差人员常备出差旅行小包

如果你经常出差，建议家中常备一个出差旅行小包，里面装上一些洗漱用品的小样或旅行装，即便碰到紧急临时出差的情况，至少洗漱用品你无须再花时间整理，直接把旅行小包塞进行李箱，将重点放在收拾工作物品和衣物上。

注意，每次出差回来之后及时整理一下小包内的物品，如小瓶内的东西用完了就补上，过期了就更换，方便下一次出差使用。

临出门前你要最后确认工作物品、证件、手机是否已带上，确保万无一失。其他的生活需求用品即使有所遗漏，也可在出差目的地根据需求进行购买。

实操贴士

——微信好友多且杂，删除和屏蔽都不合适，导致发朋友圈束手束脚，怎么办？

随着年龄和阅历的增长，我们接触到的人越来越多，朋友圈的好友又多又杂。朋友圈是我们分享日常生活、所思所想的地方，不是所有的内容都适合给所有的微信好友看，我们也不太想把自己真实的一面展现给陌生人，因此朋友圈的“分组可见”功能就变得很实用了。

但作为一名职场人士，直接对同事、领导和客户设置“不给他看朋友圈”的权限，可能会给人留下不开放、难以捉摸的印象，这对打好职场人际关系十分不利，也是很多职场人发朋友圈都要三思而后行的原因。但完全开放朋友圈的话，你的生活就都展现在同事们眼中，可能会成为同事们的谈资，让人很不舒服。

如何既满足发朋友圈的需求，又不太束手束脚？

以下朋友圈内容最好屏蔽领导和同事，这可能会影响他们对你的整体印象。

※ 工作时间发与工作无关的朋友圈。

※ 你休假，别人上班，在朋友圈嘚瑟。

※ 发表过多对工作内容的主观看法，比如吐槽加班等。

※ 发自己内心过多情绪化的碎碎念。

设置朋友圈的开放范围

如果你不想让太多人窥探你曾经的生活，可以将查看朋友圈的范围设置为“最近三天”或“最近一个月”，由你觉得舒服的状态来决定。这样既能控制自己的隐私范围，又达到开放朋友圈的目的。

发朋友圈时选择“分组可见”

“分组可见”的功能就是对信息发布的范围进行相应的筛选。把内容面向想让他们看到的人，屏蔽掉不想被他们看到的人。

我们的朋友圈可以设置四种状态：

※ 公开，所有朋友可见。

※ 私密，仅自己可见。

※ 部分可见。

※ 不给谁看。

如果你的工作需要经常转发公司活动相关内容，但你又不想打扰朋友圈的其他朋友，那么你可以将工作伙伴进行分类。比如把所有同事分为一组，命名为“公司”；把所有的客户分为一组，命名为“客户”。这样在转发与工作相关的内容时，便可选择“选中的朋友可见”，选择“公司”和“客户”分组，只让他们看见。

如果发与工作无关的朋友圈，那么你可以选择对能看到的人分组可见，把内容给关系非常亲密的人看到，比如“同学”分为一组，“家人”分为一组，“朋友”分为一组等；如果你和同事的关系还没达到足够信任，以防万一，还是别让同事进入你的私人圈子，以免被人在背后嚼舌根子。

使用“分组可见”功能，可以实现对个人生活的私密保护，避免引起误会和分歧。

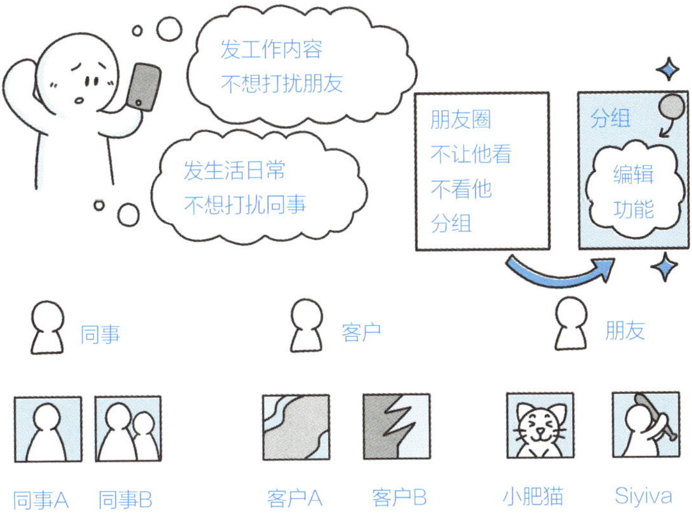

附录 职场误区别踩

附录Ⅰ 新人一定不能拒绝领导布置的任务吗？

作为职场新人，为了尽快在公司站稳脚跟，都希望给领导和同事留下好印象，尤其是自己的上级领导。

所以，对于领导布置的任务，即使有时候很忙，有些任务超出你的工作范围，你也不敢不接受。因为你担心如果拒绝了，领导会认为你消极怠工，不肯为公司付出，会对你有很大意见，进而影响你未来能否升职。

但这种想法是错误的，你的不拒绝，不一定会带来好处，有可能还会惹来更多麻烦，你会给领导留下这人很好说话、好欺负的印象，领导会把琐碎的杂事都丢给你，甚至盲目地给你安排各种难以完成的工作，以后你的任务量可能只会多不会少。

学会拒绝，对职场新人来说是一件很重要的事。一个懂得拒绝的人与一个职场滥好人相比，前者可能反倒会为自己赢得更多尊重。

新人一定不能拒绝领导布置的任务吗？并不是。下面我们就来具体情况具体分析。

第一种情况

如果任务在你的工作职责范围内，合情合理，且你有时间去完成它，那么你没有任何理由拒绝，你当下该做的就是思考如何去做。

一名文案编辑，面对领导“追热点、临时增加一篇推文且推送成功”的要求，你说是拒绝还是不拒绝？即使追这个热点意味着不能按时下班、熬夜加班，但你也没法拒绝，因为这是工作职责之内的事情。

职场新人正处在一个熟悉工作、想要提高工作技能的阶段，我们的核心目的是提高自己的能力，如果这个任务对你来说很有挑战性，完成这个任务能够快速提升自己，何乐而不为呢？不妨抱着积极的心态去接受它，这也是一次让领导看到你工作能力的机会。

第二种情况

如果任务在你的工作职责范围内，但领导给你安排的任务实在过重，远超自己所能够承受的范围，甚至需要连续加班好几天才能完成。比如正常情况下，写一个方案需要一周时间，但现在领导只给你一天时间。

这种情况下，你必须要为自己争取权利了。很多领导其实并不了解你的真实工作量，你要主动和领导沟通，告诉他你的难处，希望他能够给你提供一个解决方案：“现在的工作量已经超标了，如果这个任务必须由我来做的话，您看能不能把提交时间推后，或者安排其他同事来帮忙？”

第三种情况

如果领导把一些不属于你职责范围内工作任务分配给你，比如你明明是一名 UI（界面）设计师，现在安排你把公司电商产品的详情页也全都做了，其实，这种一人身兼多职的情况在职场很常见。碰到这种情况该如何解决？

首先你要向领导表明，自己之前完全没有接触过这项任务，担心做不好，还是希望有一个更擅长的同事来接受这项任务，自己把精力放在本职工作上，现在手上有一个项目很让人头疼，担心如果接下了新任务，会影响到那个重要项目。

如果领导坚持要把任务分配给你，那么你在表态自己愿意挑战的同时，向领导提出要求，看能否让同事协助自己一起完成。另外，再考虑一下这个额外的任务是否对你有好处，是否能够提升自己的能力、赢得更多好的机会。综上所述，再做最终的决定。

附录Ⅱ 新人一定要赶紧抱团（拉帮结派）吗?

人际关系向来是职场人士非常头疼的问题之一，对于职场新人来说更是如此。刚进入职场，面对一个陌生的环境，难免感到迷茫、慌乱，这个时候，职场新人一定要赶紧找人抱团吗？并不是。

在一个正常的职场环境中，不抱团也不会让你寸步难行，在公司站不住脚。相反，如果你不抱团在公司就混不下去，就代表公司有严重的问题。

很多人觉得只要抱团，就能迅速拉近和同事之间的关系，给内心带来安全感和归属感，还能更快融入环境。的确，抱团能带来好处，但它的负面影响也不容忽视，甚至是弊大于利。

抱团很可能限制个人发展

在小团体里，往往要求大家的目标一致。如果你因为小团体的利益，牺牲了提升自己的一些机会，或盲目跟从小团体的要求，则会导致你缺乏独立思考的能力，限制个人能力的发展。

另外，如果你只和小团体里的人交好，就会显得很排外，你很难再和小团体之外的同事融洽相处，这会限制你的职场人际关系发展。

抱团也可能引起领导不满

对于领导来说，在员工管理上，小团体更难把控。如果是单个员工出现对公司不利的行为，公司及时制止就可以了，但小团体就很棘手，因为小团体往往拥有一定的力量，能对公司造成一定程度的影响。

此外，面对一些需要独立完成的工作，很多小团体成员习惯依赖别人，遇到困难主要依靠别人帮忙解决，而不是自己动脑探索解决办法，更过分的甚至直接将工作丢给别人。这是一种非常不可取的行为，会给领导留下非常差的印象。

在职场，领导更希望大家团结在一起工作，而不是抱团。团结意味着每个人都发挥出自己最大的能力，大家朝着同一个目标努力，这样团队的工作效率和效果才会最大化。

抱团还可能存在强行融入圈子的问题

强行融入不适合自己的圈子，并不会对工作有帮助，还可能会导致“无谓的牵绊”，带来一些心理压力。所以，如果你努力后发现自己并不适合这个圈子，你不太喜欢某些同事的做事方法、三观等，那就放弃吧，圈子不同，不必强融。

所以，报团取暖有利也有弊。对于新人来说，不是一定要赶紧找人抱团，它其实是你的个人选择。抱团不一定会给你带来所谓的好处，不报团也不会让你在职场寸步难行。

如果你选择了报团取暖，这样做可以避开负面影响：

处在小团体里的你，不要盲从，要做到理性从众，拥有自己的思考能力，这样才能让沟通更加顺畅，让工作更加高效。

职场是一个看重个人能力的场所，你需要培养自己独立完成工作的能力。

作为职场新人，最重要的任务还是把工作做好，提高自己的工作能力。面对困难，不要太过依赖别人，先努力尝试自己寻找解决办法，以此证明自己的实力。当你拥有一技之长、能力足够强、别人无法替代你的时候，无须抱团，你一样能获得领导和同事的认可。

其实，和同事搞好关系，不一定非要抱团。积极参加同事们的团建、聚会，这些活动就是你与同事搞好关系的最佳。平时也要主动和同事沟通、打招呼，主动为同事提供帮助等，这些都有助于拉近彼此之间的关系。

附录Ⅲ 新人一定要跟着同事无效加班吗？

刚入职场的新人，为了获得一个好印象，很容易随波逐流。

有一些公司盛行加班文化，明明已经到了下班时间，事情都做完了，但看到周围的领导和同事都没走，为了给大家留一个好印象，你也不敢走，只能坐在那里无效加班。明明没有工作要做，却留在工位上装出一副很忙碌的样子，这是一种极其浪费时间、无意义的行为。

凡是体验过“摸鱼式”加班的，都明白那是一种多么痛苦的感受，不仅不能帮助你提升工作能力，而且浪费时间。领导需要的是工作能力强的员工，而不是最会做表面功夫的员工。如果你试图通过“表演式”加班的捷径来获取领导的好感，还是尽早停止吧，也许你骗得了领导，但你骗不过自己。那么，究竟该如何解决这个问题呢？

先尝试拒绝无效加班

其实你加不加班，并不取决于同事加不加班。

每个人都有直属领导，如果你手头的事情已经做完了，在下班的时候，你可以主动和直属领导沟通，汇报你今天做了什么工作、进度怎样、下一步如何安排，并且请示“还有没有什么工作需要做啊”，以此来把控自己今天是否需要加班。主动汇报的目的是让领导了解你的工作动态，展示你的工作成果。

如果领导说：“今天没什么事了，你先回去吧。”那你就可以没有心理负担地离开了。

如果领导说：“你把这个任务处理完就可以下班了。”至少你的加班是真的有工作任务的加班，而不是无效加班。

如果你的直属领导把你是否加班作为衡量工作态度好坏最重要的标准，不管你加班是否真的在工作，那么也许这家公司的企业文化并不适合你，走为上策。

若实在无法拒绝，这样做可有效利用无效加班的时间

如果你想要在公司留下来，那就得适应公司这种“无效加班”的文化，此时，不如好好利用这段时间进行一些有针对性的提升，修炼自己的专业技能，毕竟回到家之后大概率是不想看书学习的。比如看看公司网盘里的项目资料，了解更多公司的业务问题；比如作为设计人员，多了解一些行业最新的设计动态、设计技巧；等等。

职场是一个主要看能力的地方。对于职场新人，我们要明白，目前最重要的事就是提高自己的工作能力，展现自己的价

值。当工作能力到位了，能够把交代你的工作任务圆满完成时，你就不会太纠结加不加班了，因为这并不会对你产生太大影响。

附录Ⅳ 新人一定要重视职场潜规则吗？

初入职场，如何得到公司上下的认可、如何讨得领导喜欢、如何快速升职加薪，是很多职场新人都关心的话题。

特别是在如今这个竞争激烈的大环境下，职场如战场，如果你不懂一些职场的潜规则，就很可能会阻碍自己的职业发展。所以，有些新人一进公司，就想方设法挖掘公司的职场潜规则，希望通过遵照潜规则来行事，帮助自己快速晋升。

但对新人来说，一定要重视职场潜规则吗？并非如此。有些人即使不懂潜规则，也能在职场上靠自己的能力打出一片天，而有些人则因为过于重视潜规则，反而给职业发展带来不利影响。

过于重视职场潜规则引发的问题

有些新人对职场潜规则过于看重，事事都遵照潜规则来做，在对待同事和领导的时候小心翼翼，生怕触碰雷区留下不好的印象，结果导致自己在工作中束手束脚，反而让人心生不快，给人留下不大方、不自然的印象。

也有一些职场新人想利用职场潜规则在工作中走捷径，快速获得领导的好感和信任。走捷径短期内看似占了便宜，但绝对不利于长期发展，因为职场是一个讲究自身硬实力的场合，即便你赢得了领导的信任，但如果工作能力太差的话，领导依然不太可能为你的升职之路助一臂之力。

最有用的职场潜规则是不断提升自己

对于职场新人来说，最有用的职场潜规则就是不断提升自己。在职场中，工作能力是核心竞争力，决定了你是否能够留在公司，未来能否有机会升职加薪，而其他所有的一切都是辅助，潜规则也是。

如今职场压力巨大，要想在职场生存下来，停滞不前、原地踏步的状态是绝对不行的。你需要不断提高自己的工作能力，一方面要主动接受工作中的各种新挑战，另一方面也要充分利用下班时间学习与工作相关的知识、技能，只有这样才能够让自己快速成长，早日得到领导的重视，早日升职加薪。

了解这些真正有用的潜规则，让你受益良多

其实，职场新人重视职场潜规则是好事，它能帮助我们避雷，只有清楚了解职场中的禁忌，你在工作、人际交往的时候才能做到心中有数，对那些不能做和不该做的事情及时说不。但它不应该成为我们走捷径的工具，做事先做人，在职场抱侥幸心理走捷径，非常不可取。

以下这些通用的职场潜规则，可以帮助新人们在做事和做人方面都少走一些弯路，希望对你们有所帮助。

- 埋头苦干的人不一定会升职加薪，但主动展现自己能力的人往往会获得更多机会。
- 和同事之间要知道什么事该说，什么事不该说。
- 不要为了留下好印象而一味地讨好别人。

教你精准表达
掌握职场沟通要点，巧用四两拨千斤。
助你高效工作
学灵活时间管理术，有条不紊化繁为
“码”上进入
你的职场
逆袭加油站
灵活运用职场三十六技 赢在职场
扫码领取
陪你调节情绪
走出职场情绪困扰，实现职场情绪自由。
带你步步提升
职场硬技能速提升，步步高升如鱼得